世生子（光333研究所）

# 過去はうんこです?!

## うつ、トラウマを消す超ミラクルなセッション

ヒカルランド

# はじめに

## ありのままを良しとしてこの世で生きる

**「うんこ」**

という単語に惹かれて、思わず本書を手にとってくれたみなさま！
はじめまして。
私は世生子《よいこ》と申します。
もうそこそこの年でありまして、結婚もしております。
30歳を超えた娘と息子がおりまして、孫もおります。

子育てが一段落して、私に何ができるかなと思ったときに、
私の体験してきた虐待とかうつ病から得た気づきが私の魂に刻まれている財産なので、それをみなさんにお伝えすることが自分のやりたいことだと思って、
発信を決めました。

世生子というのは、この度出版するにあたって、
ある能力者に名付けていただいた名前です。
その先生に、世生子という名前は、
「何でも言うことを聞く良い子」という意味ではなくて、
「ありのままの私でこの世を生きる」という意味だと教えてもらいました。

私は幼少期に、親から「お前は何をしてもダメな子」と言われ続けてきたので、
「なんとか良い子でいよう、怒られないようにしよう」と
そればっかり考えて生きていました。

それが今、
「ありのまま、そのままの私を良しとしてこの世で生きる子」
という名前をいただいて、嬉しいです。

はじめに

10年ぐらい前に降りてきたメッセージがあるんです。
それは、「光333研究所」という名前なんです。

333という数はアセンデッドマスターの周波数と聞きました。
それもあって333という数字がすごく好きです。
「光333研究所」という名前には
3+3=6、3+3+3=9だから、
弥勒（ミロク、369）も入っています。

「光333研究所」は、私のインスピレーションのもとになっている言葉や直感が発信されてくる次元を超えた場所かもしれません。

私には、時折、「あの神社に行ってください」というように、
突然メッセージが降りてくることがあります。
この10年ほど、そういったメッセージをもとに、

宇宙からオーダーを受けてご神事を行ってきました。
それが、2018年から宇宙が私にやらせたいことが変化しているのでしょうか。
ご神事よりも、こうして多くの方に向けて発信する新しいステージが
つぎつぎ用意されはじめました。
大変ありがたい事だと感謝しています。

「光333研究所」と共同作業で、
私は立体的に五次元への扉を開くためのメッセージを伝えはじめています。
宇宙は、私の口を蛇口のように使って、メッセージを流すのです。
私はただの媒体、水を流す水道管の役割です。

この人生で、スピリチュアリティに目覚めるために、
ある意味自分で台本として用意したことが、
長い間うつ病だったことと、虐待を受けていたことだと思います。
ここが私の「自作自演の波乱爆笑劇場」のキーワードなのかなと思っています。

私がどのようにして、この波乱爆笑劇場の主人公から、その舞台をつくり出すクリエーターの視点へとジャンプしたのか、そして、その過程でつかんだ「自分らしく輝いて生きる舞台をつくり出す方法」を本書でお伝えしていきたいと思います。

生きていれば、
苦しみの中で自分を責めることや、
理不尽だと思うこと、
「誰かのせいで、私の人生はうまくいかない」と怒りを覚えることがあるかもしれません。

それぞれの事情の中で、それでも頑張って乗り越えるのが人生の使命だと思っ

て生きている方がたくさんいらっしゃると思います。

みなさん、大丈夫です!!
その雲が晴れて、さわやかな青空が
あなたの人生に訪れるためのカギをお渡しいたします。
ぜひ本書に書いてあることを試してみてください。
おもしろいように、あなたの生きる世界が違って見えはじめますから。
みなさん。せっかく生まれてきたのです。
一緒に本当にやりたい遊びをこの地球で今からはじめてみませんか?

世生子

# はじめに

著者撮影　彩雲

カバーデザイン　坂川栄治＋鳴田小夜子（坂川事務所）
カバー＆本文イラスト　徳田有希
編集協力　宮田速記
校正　麦秋アートセンター
本文仮名書体　文麗仮名（キャップス）

目次

## II 脱・クレクレワールド

## Ⅲ 超立体的な時空のつなげ方

## Ⅳ 五次元の扉を開く

## V 美しきクリスタル人へ

# I

# うんこは流すしかない

流してね
いらない過去は
流してね

## 虐待を受けて育つ

まずは、私の生い立ちを少しお話しします。

虐待は私の小さいときからです。

父は傲慢で威圧的な人で、両親の仲がよくなかった。

あの時代にはよくあることなのですが、父が母に暴力を振るう。

「おまえの教育ができていないから子どもたちがちゃんとしないのだ」

みたいな感じで自分の機嫌が悪いと何かにつけて暴力を振るうのです。

お茶碗が割れたり、母が投げ飛ばされたり、それをとめる子どもたちにもとばっちりが来る。そのころの家は畳敷きでしたが、毎晩、畳が血だらけでした。

母は、父に当たられる分、私につらく当たって、女の子1人だったのでどうしても当たりやすかったのだと思うのですが、私は虐待を受けていました。

小さいときから私は、

「なぜこの家に生まれてしまったんだろう」とずっと悩んでいました。
毎日生きる気力もなくて、死にたい、死にたいとばかり思っていたのです。
母からの虐待をずっと受け続けてきて、
私と母との間にものすごく確執が生まれていきました。私は、
「この人たちを殺さない限り、私の明日はないんじゃないか」
というところまで追い詰められていきました。

でも、後々ヒプノセラピーを学んだときに、
「なんで私はこの世界に生まれてきたか」ということを魂に戻って見たら、
「今回は愛を学ぶことが私のテーマだった」と知るのです。
一回、愛のないところを体験しない限り、愛とは何かわからないじゃないですか。
だから、私は一回、虐待という究極の愛のない体験をして、
どうしたら私を愛してもらえるのか、
なぜ私が愛されないのか、
兄弟みんな愛されているのに、なぜ私だけがこんなつらい目に遭うのか

という体験を自分で設定してきたことがわかった。
愛の溢れている所よりも愛のない所で学んでこそわかるという自作自演の設定です。

そして両親とかわした時空を超えたある約束を思い出したとき、すべての呪縛が解けたんですね。

「親をぶっ殺してやろう」とか、
「自分もガソリンをかぶって死んでやろう」とか、
「家ごと燃やしてやろう」と思っていたことが、
**一瞬で消えたんです。**

では、ヒプノセラピーをしていく中で私に何が起こっていったのか、詳しくお話ししましょう。

## ヒプノセラピーで虐待の過去へ

私がヒプノセラピーを受けた理由は、
「親を殺さないと私は生きていけないんじゃないか、親を殺して私も自殺したい」
という自分のトラウマから自由になりたかったからです。
トラウマを抱える私、殴られている私とか痛めつけられている私は
「痛いよ、怖いよ、どうして私だけ愛してくれないの」と叫んでいて、
心にぽっかり大きな穴があいちゃっているんです。
そうすると、私がどんなに努力しても、その穴を通してしか人を見られない。
その出来事を傷として抱えたままでは、
いつも私は愛されなかったというデータをもとに人を見たり、物事を見たりするので、屈折した物の見方になってしまうのです。
誰がどんなに親切にしてくれても、誰が優しい声をかけてくれても、

「でも、私は愛されていないから」

「私は人に愛されるような人間じゃないから」

というのが根源にあるので、常に被害者意識で受け取ってしまう。

ここを何とかしたいなと思った。

虐待を受けた場面まで戻って、

「心の中の大きくあいた穴を修正しない限り虐待という体験を本当の意味で終わらせられない」と思って、ヒプノセラピーを受けることにしたのです。

その後、私は勉強して、自分でもヒプノセラピストの資格を取りました。
そして自分自身で、虐待を受けていた場面にヒプノで何回も戻っていきました。
今の私と過去の私が情報を共有する。
それがヒプノセラピーでやっていることなんです。
ですが、当時は最後の最後のトラウマになかなか行かれなかった。
とてもじゃないですけれども、
1回のセッションで虐待のトラウマをクリアすることは難しいので、

時間をかけてひどかった虐待の場面を扱っていきました。

それを繰り返していくうちに、虐待されている記憶にアクセスした際の、「怖くてガタガタ震えて、それ以上は進めない」というような体の反応と心の反応が少しずつ薄れていきました。

最終的に、これが一番の根源なのではないかというところにやっと向き合う準備ができたときに、ヒプノセラピーでそこに戻っていったのです。

## 心の奥に沈むパンドラの箱

それは海の深い、深い底に潜っていくような感じでした。

自分1人で潜っていった深い海の底に、大きな箱が置いてありました。

それは、私が小さいころからイメージの中で持っていたパンドラの箱でした。

パンドラの箱とは絶対に開けてはいけない禁断の箱です。

私はイヤなこと、つらいことに向き合うのが怖かったので、
いつもパンドラの箱に全部詰め込んできたのです。
そうじゃなきゃ生きられなかったので、
「虐待された、母にこう言われた、父にこうされた」
というイヤなことを、全部パンドラの箱に詰め込んで、蓋をして闇に葬っていた。
そのパンドラの箱が心の海底に置いてあったのです。

私は、「これをあけたら自分のトラウマが全部出てくるのだろう」
と怖くなりましたが、そのときは
「きょうはパンドラの箱をあけるぞ。最後の私のトラウマと向き合うんだ」
と覚悟して、あけました。

私は、何かゾワゾワするようなものが出てくるとか、
いろんな恐ろしい映像が出てくると思っていたのですが、
パンドラの箱をあけたら何が出てきたと思いますか？

パンドラの箱には、何も入っていなかったのです。

あれだけ虐待を受けて、つらいことをパンドラの箱に何もかも詰め込んでいたのに、箱の中には何も入っていなかった。私はそのときに、

**「過去は書き換えられるし、そもそも過去ってないのかも」**ということに気がついて、地上に戻ってきたんです。

## 過去はうんこ

私たちは、記憶を事実だと信じて握りしめ、そのデータを今に投影し続けています。

でもその記憶は本当に、真実なのでしょうか?

過去は、私の記憶の中にあるのだと思い込んでいただけ。

自分が変わったら、過去の記憶すら書き換えられていく——。

そもそも過去と呼ばれるものすら無いのかもしれない。

これが「過去はうんこ」につながっていくんです。
ただのうんこだから、流すべきうんこを誰が後生大事に握りしめ続けるでしょう。
「うんこは流すしかないんだよね」と言うと、トラウマを受けていた人たちが
「そうなんだね。過去はうんこなんだ」と笑う。
「うんこは流すしかない」と私が言っているのは、
「嫌な過去は、さっさと水に流して忘れましょ」という意味ではありません。

**世生子流の「うんこ流し」とは、**
**「そもそも嫌な過去など一つもないと気がつくプロセス」のことを指しています。**

すべてはエネルギーです。
「過去」という名でラベリングしてつかみ続けていたエネルギーを
ただ宇宙にお返しするという意味なのです。
ですからみなさん、「過去はうんこです」というフレーズは
深い叡智を含んでいます。しかも、みんなを笑顔にしてくれる。
この言葉には大きな力があるなと思いましたので、
私はこの「過去はうんこ」っていうのを数年前から発信するようになりました。

## 生まれる前の約束

パンドラの箱の記憶とともに、もう1つ、私の意識を大きくジャンプさせたセッションがあります。それはヒプノセラピーで私が地球に生まれ立った記憶のところにアクセスしたときに起こりました。

このとき、生まれてくる前に両親と約束をしていたという場面が出てきたのです。

私が今世生まれてきた理由は、

**「地球で愛を学び、愛を伝えたい」**ということでした。

どうしたら私は愛を得ることができるのか。
どうして兄弟は愛されるのに、私だけは愛がもらえないのか。
それを体験することで愛について学びに来たんだ。

その約束の場面で両親はこう言いました。

「今回、私たちが悪役を演じてあげるから、あなたはそれを学ぶのよ」

愛のあるところでは、愛が何なのかわかりません。

そのために、自分から虐待を受けるという設定をした。究極の設定です。

そのときに、やっと思い出すことができました。


**両親が私を痛めつける役割で来ているのは、本当は私を一番愛してくれていたから。**

愛の一番大きな人だから、今回、悪役をやるよ、と。
私が目醒めるためにあえて一番イヤな役を引き受けてくれた。
もし過去世というものがあるとしたら、
私は過去に両親を痛めつける役割もやっていると思うのです。
大体身内というのは、役割を変えて何回も何回も輪廻転生《りんねてんしょう》しています。
おままごとだと思うと、一番気楽に捉えられると思います。
今回はお父さん役ね、お母さん役ね、赤ちゃん役をやるねと、順番に役割を変えながら、**感情と体験を体で味わうために地球に遊びに来ている**のです。

ただ、私たちは地球に降りてくるときにその記憶を忘れるという決まりがあるので、いろんなことに反応してしまって、「この人が悪い」「あの人が悪い」という角度からしか人生を捉えられなくなってしまうのです。

私がそのことに気がついたときに、「私は大事なことを完全に思い出した」という目醒めともいうべき感覚に包まれました。

この体験を機に、私の母に対する気持ちが大きく変わり始めることになります。

数年前の私の誕生日のことでした。

いつも母から「あなたを産まなきゃよかった」という言葉を吐《は》かれていたので、「そんな私をどうして産んだのか」という恨みにも似た気持ちを私はずっと持っていたんですけれども、その年の誕生日に、ある気づきが起こったのです。

その日は、

「今日は私の誕生日だから、みんなからおめでとうってお祝いされる日だなあ」

とボンヤリ考えていました。
そのとき、急に雷に撃たれたみたいに私に衝撃が走り、
「違う。誕生日はみんなからお祝いされる日じゃない。
私が親に感謝を伝える日なんだ」とパッカーンしてしまったのです。
そして、生まれて初めて

「お母さん、産んでくれて本当にありがとう」

という言葉を心の底から手紙に書いて、
どうしても「誕生日の今日、この想いを伝えたい」と、
雨の中、母に渡しに行きました。
私がそういう態度をとるということは、母にとっては驚愕《きょうがく》の出来事だったはずです。
今まで「お母さんを許さない」「ダイッキライ」という態度をとっていた娘が、
「お母さん、産んでくれて本当にありがとう」という手紙を渡してきたわけですから、
びっくりしたと思うんです。

それまで「産んでくれてありがとう」なんて一回も思ったことがないんですよ。

「なんで私を産んだの」ということしか生き霊として飛ばさなかったのに、

「お母さん、ありがとう」と言ったら、お母さんも解けちゃったわけです。

どっちが先に解けるかの我慢比べをやっていたんだなと思った。

今思えば、解けちゃった者勝ちで、意地を張っていてもしょうがないわけです。

そこから母と私の関係性がどんどん変化していきます。

## 別のパラレルワールドへ

後から思えば、それが私のパラレルワールドだったんですね。

私が変わったから、母も変わった。

パラレルワールドというのは、「自分の周波数に合った世界の人と出会う」ということなので、私が親をぶっ殺してやりたいと思っていたときには、そういう憎しみに値する親としかつながれないわけです。

でも、私の周波数が変わって「感謝」ということに気がついたときには、そういう周波数の親としか出会えないので、和解が起きるのです。

**自分の目の前にあるネガティブな出来事を単に周波数の引き合う仕組みの結果として見ていったら、私が生きる世界自体が変わっていくのではないか。**

それに気がついてから、私は自分の中で実験を始めました。

やることは非常に単純です。

すべての出来事をジャッジしないということです。

## 生き霊飛ばし

みなさん、ネガティブな体験をしますよね。

例えばトラウマを持ったり、人にひどいことを言われたりすると、その体験をリフレインしてしまいます。

その人に言われた言葉を自分で何回もリフレインして落ち込んだり、
「あの人、イヤだな」、「この人、イヤだな」と思います。
それは私の中では**生き霊を飛ばすこと**だと思っていて、
「あの人にあんなことを言われた」
「こんなことを言われた」とくり返し生き霊を飛ばす。
私の言う生き霊飛ばしは、霊能者の言う「生き霊が飛んできていますよ」とか、
「戦時中の浮かばれていない霊が飛んでくる」とかではありません。
誰かに念を飛ばして、ネガティブな方向にどっぷり自分を漬《っ》からせていることです。
それはその人が悪いわけではなくて、**私はダミーだと思っている**んです。
「あなたは今ここでどれだけ上がれる？」という、
遊びに来た地球で、自ら仕掛けたレッスンなんですね。

## 目の前の出来事は、ダミー

自分の目の前の意地悪なAさん、**イヤだなという現象は、ただのダミー**なんです。
「その人がいるから私がネガティブに反応させられて、こんなにイヤな思いをする」
というのが地球上で刷り込まれた二元性の視点なのですが、
宇宙的にみたらこれは実は真逆なんです。

私たちは、自分の中で学ぶべき課題とか、自分が知りたいものがあったときに、
それに反応する現象をAさんという存在でつくり出してしまうのです。
自分の内側を映し出す鏡として、Aさんという役者を自分がつくり出している。
そのAさんが私を攻撃してくるたびに私はAさんに反応するわけです。
そのとき何かイヤなことを言われたことだけでもイヤなのに、
その後もAさんに言われたことを頭の中で記憶として呼び戻して、
「あの人にあんなことを言われた。絶対許せない。イヤだな」
ということを四六時中続けているわけです。
リフレインしてまた思い出すということは、
イヤな瞬間を自分の中で何度も何度もつくり続けていることと同じです。

それをしているのは、自分なのです。これはテストなのです。

そこから離れてください。Ａさんはただのダミーです。

**人はそのダミーに反応してしまって生き霊を飛ばす。**
**生き霊を飛ばしている時間は、**
**自分の中心軸をその人に全部占領されてしまっているんですよ。**

そうすると、自分らしくいられません。

過去に言われた出来事と、それを投影する未来を行ったり来たりするばかりで、「今」にまったく生きていないことになります。

それを繰り返していると、うつや、病気をつくり出したりしてしまう。

人は思考から離れられないので、どうしてもネガティブな方向に向いてしまいます。

それは自分で設定してきているんですね。

今回、体と思考と感情を持って地球に生まれてきたということは、
それをマスターすることを地球で体験しに来ていると思うのです。

そうであるにもかかわらず、すべて忘れてしまっているので、刷り込みの世界に取り込まれてしまって、ネガティブな生き霊をまた送っている。

でも、ダミーの出現は決して悪いことではないのです。

「あなた、今のままいくと病気になってしまいますよ、もっと楽に生きられる方法があるのに、いつまでそこにこだわっているんですか」

という、ただのサインです。

宇宙にとっては善も悪もありません。

いいこと、悪いことというふうに出来事をジャッジしない。

地球上の人間だけが、いいこと、悪いことと解釈をつけてジャッジします。


Aさんが言ったことに私は傷つきました。

でも、Aさんが言ったことは本当に悪いことですかといえば、Aさんの立場でものを考えた場合には案外真っ当かもしれない。

人はそれぞれ、自ら設定した魂のテーマをもって一生懸命生きています。

それが私の思った通りではないからといって、

自分の正しさを押しつけていいということではありません。
私たちの中の次の扉が開いていくと、
いろんな人の思考が許せるという物差しができてくる。
それが、今まで平面で見ていた思考の物差しを、
立体の物差しに変えて見るということです。
自分はイヤな言葉と受け取って反応したけれども、
Aさんの立場で、Aさんの環境で育ったのだったら、Aさんにとっては、真っ当な言葉なのかもしれないなということまで見られるようになると、相手を許せる。
私たちは一人一人が唯一無二の存在です。
そのことを真に理解し受け入れるという大きなテーマがあります。

私は、お友達のいろんな悩み事を聞く機会が多いんですけど、
伝えることはいつも同じです。宇宙がやりたいことは1つです。
みんなやりすぎちゃって、疲れて病気になったりする。
大切なので何度もいいますが、自分の目の前に出てくる人はただのダミーで、

どっちの方向に向かいたいのか思い出すチャンスをくれる人なんですね。

魂は天国でぬるま湯につかって、争いもないし、ごはんは目の前にあふれるほどあって、みんないい人だったら、何がいいのか、何がありがたいのかわからなくなっちゃう。そしたらきっと「地球みたいなアドベンチャーワールドに来てみたいな」「ジェットコースターに乗ってみたいな」と思っちゃいます。

「あの星へ行くと波瀾万丈《はらんばんじょう》で、女優と男優になれるらしい」と思ったら、それは張り切っちゃう。だってすごい倍率を合格してこの地球に演じに来ているのですから。

でももしそのドラマのストーリーを変えたいのなら、まず知っていてほしいのは、**相手に反応している以上は、そこから抜けられない**ということです。

放っておくと私たちはずっとそのドラマの中にいます。

だって、そこをぐるぐる回っているのが大好きなんだもの。

私がうつ病で被害者意識だったときに何をしていたかといったら、相手は加害者で、私は被害者という世界の強化です。

相手がイヤなことをしてきて、私は被害者。

このモードに入ってしまうと、そこからは抜けられないのです。

まず、ここから抜けなくてはいけないのです。

それには、「私の中にそれがあるから、相手が現れた」という物の考え方をし始めること。

自分にとっていいことだけを言ってくれる人だけが正しいのではなく、
**イヤなことを言ってくれる人は、**
**私が次元上昇するための課題を持ってきてくれたありがたい人。**

そういう視点で、ネガティブだと思える出来事を「自分で仕掛けたレッスン」だと見ると、ミッションとして結構楽しく捉えることができて、超えることができるのです。

# Ⅱ

# 脱・クレクレワールド

きょうもにぎやか
生き霊飛ばし
宴《うたげ》つづくよ
クレクレワールド

クレクレ星人

## 「クレクレ星人」の生き霊飛ばし

枯渇して疲れ果てたとき、人は、大体他人に満たしてもらいたくなるのです。

中でも、自分の期待を投影してしまうのが、一番身近な家族とか恋人です。


「察してよ」

「皿洗い手伝ってよ」

「わかるでしょ。私が今こんなにガチャガチャ忙しくて、もう寝る時間もないと言ってるのに、あなたは向こうのリビングでボワーッとテレビを見ていて、お気楽でいいわよね」という念をご主人に対して飛ばしているわけですね。

ご主人はご主人で、「俺は仕事をしてきたんだから、ここでぐらいゆっくりさせてくれよ」と。

ここで行われていることは、

「やってくれ」「わかってくれ」「愛してくれ」という**枯渇した「クレクレ星人」の「生霊の飛ばし合い」**です。

## 自分で自分を満たす「ご自愛活動」

私は、それに対して一番やったほうがいいなと思っているのは、この3年間やり続けている**「ご自愛活動」**です。

上司から急に仕事を言いつけられたとして、
「きょうはデートが入っているから残業したくないんだ」とか、
「自分でやればいいのになぜ私だけ？」と
生き霊を飛ばすのだったら、自分にウソをつかず
「きょうは私は残業しないで帰らせてもらいます」ときちんと言う。
そうすると、「社会の仕組みとしてうまくいかなくなるんじゃないか」という意見

がバンバン出てくると思うのですが、よく考えてみてください。

私たちはこの地球に、1人1人が**自分にぴったりのジグソーパズルを持って生まれてきている**わけです。


**一番やらなければいけないのは、自分自身にウソをつかないことです。**


自分にウソをついたばっかりに隣の人のジグソーパズルと合わなくなる。

そのとき、私が自分に正直になり感謝して帰れば、
そこで残業を引き受けてくれた人が実力を発揮して、

「この人、こんなに才能があったのね、じゃ、この人を次のプロジェクトで抜擢《ばってき》しよう」というチャンスがその人を待っているかもしれない。

なのに、私が自分にウソをついて、

「デートが待っているのにこんな残業を言いつけて、この会社は本当にロクでもない会社だわ」と生き霊を飛ばしながら、イヤーなエネルギーで仕事をするわけです。

イヤーなエネルギーの仕事は、誰もが感じます。

どんな仕事も、どれだけコンタクトをとって、どれだけ準備をして、どれだけの才能を持った人がうまくやるかではなくて、**波動がどれだけいいかというだけなのです。**

いい波動の人は、例えばトイレ掃除をしようが、教壇に立って先生をやろうが、何をやってもすばらしい仕事になります。

それに対して、イヤな波動、ネガティブな波動でやっていたら、どんなにすばらしいプロジェクトに携わっても台なしになってしまうのです。

つまり、
自分という存在が中心軸にいない限り、自分ではなくなるということです。

世生子として生まれてきて、地球で世生子のジグソーパズルの1ピースとしてはまるために絶対必要なこと。

それは、**自分がいつでも自分軸で気持ちよく過ごすこと。**

そのために行うことを私は「ご自愛活動」と呼んでいます。

**ご自愛活動とは**

- 自分自身にウソをつかない。
- 自分で自分を満たしてあげる。
- 不快なことを自分の体にやらせない。
- 自分がやりたいことを自分にやらせてあげる。
- 「過去の出来事」と「未来への不安の投影」を自分の中心軸にしない。
- 「今」だけにフォーカスすること。

これが、五次元の地球を生きる上で、まず第一に大切なことなのです。
私がご自愛活動を始めて何が変わったかといったら、
ミラクルの起き方がハンパではないんです。
自分で自分を満たしてあげられたら、
自分の中心はいつもきれいにエネルギーが流れています。

ゴミがたまっていないのです。

自分のエネルギーが「ゼロの状態」に近くなると、時間軸を超えるので、自分の思ったことがすぐ現実となります。

「自分は願望実現したい」「自分の思い描いている夢を早くかなえたい」と思ったら、まず自分が「ゼロの状態」に近づく。

私が「ゼロの状態」と呼んでいるのは、**自分の中を生き霊やダミーに乗っ取られない**ということです。

言いかえれば、自分本来の純粋なエネルギーに近づき続けることで自分自身が最強のパワースポットになることです。

そのために何をしたらいいかといったら、ご自愛活動です。

「ご自愛活動は具体的に何をすることですか」とよく聞かれますが、**自分のご自愛活動というのは、自分にしかわからないです。**

なぜなら、自分が心地よく満ち足りるという感覚は一人一人違うものだからです。

自分で自分を満たすことができて、自分が自分を一番大切に扱ってあげはじめると、「常に満たされる」「私は自分で自分を満たしている」という状態に入るので、「察してよ」とか、「やってほしい」とかいうのが自分の中で少なくなってくるのです。それはわかりますよね。

その結果何が起きてくるでしょうか。

**自分で自分を満たしていると不平不満がないのです。**

いつもいつも自分に満足していて、他人に自分の期待を投影していないとしたら、人に当たるとかイライラすることがすごく少なくなると思うのです。だって、いつも自分で自分を満たすことができているわけですから。

残業を言いつけられても、「すみません。きょうは私は定時で帰らせていただきます」と言う。それは自分たちの本当の権利なのですが、自分の中に罪悪感があると、罪悪感を見せてくれる役目の人をつくり出すわけです。

自分のことはわからないから、鏡がないと自分は見えない。

「私はきょうは予定があるんです」と言うと、上司が来て、

「きょう残業やってくれる？」と言われるわけです。

私たちはそんなことがわからないので、

「ほかに手のあいている人がいるのに、あの上司はいつも私ばかりに言いつけてくる」と上司に反応します。

逆なんです。

自分の中に罪悪感があるから、その上司をつくり出してしまうわけです。

その上司が、「あなたはこんな罪悪感を持っていますよ、自分を大事にしていませんよ」ということを知らせる役として登場している。

もし自分で自分を満たしていたら、残業を言いつけられないかもしれない。

自分の方から手伝いを申し出るかもしれない。

いろんなパラレルワールドが可能性領域に存在しています。

その中から、今体験している現実を、実はあなた自身が選択して

現実化しているとも言えるわけです。
そういった場面を前にしたとき、地球で刷り込まれたやり方は、
相手に反応して行動をとる方法です。
目の前の人との間で問題が起きているという視点でその出来事を捉えているのです。

**でも、本当は問題は起きていない。**
**問題だと思われていることは、**
**自分の内側にある何か、罪悪感や、自分に強いている無理を手放しなさいと**
**その人を通してあなたに見せてくれているのです。**
それがその人の役目です。ありがたくないですか？
すべての人々、すべての出来事は、
私のために起きているありがたいことばかりなのです。
そこに気がつくと、相手に反応しなくなります。
相手がどんなことを言ってきても、
生き霊を飛ばしたり、生き霊を飛ばされたりという関係性ではなく、

自分の中に答えがあるということがわかるようになってくる。
相手がイヤだなとか、上司がこうでとか、旦那がこうでということではなく、
「私の何を彼は見せてくれているのかな」とか、
「私の何を上司は見せてくれるのかな」と思ったときに、
**その根底には、自分を大事にしていないことが、まず第一にあったりするのです。**

## 「やってあげたのに」はイエローカード

私の場合は虐待を受けて育ってきたので、

「私さえガマンすればこの場は丸く収まる」

「自分は場の空気を読んで、やるべきことをやる、やりたいことは封じ込める」

という生き方をしてきました。

これが、虐待を受けてきた人たちの大体の思考になってしまうのです。

「やりたいことなんかできるわけない」という前提を持っていますので、

常にやるべきこと、両親の機嫌を読んで、その場が丸く収まるような態度をとることに徹してしまうわけです。

これは虐待を受けてきた人だけに言えることではありません。

社会に出て会社で働いている方は、やっぱり場の空気を読みます。

「あの方が忙しそうにやっているから、私がコピーをしようかな」

それは事実、思いやりです。思いやりですが、そのときに気をつけたいのは、

「あの人にやってあげたのに」という感情です。

**「やってあげたのに」が出てきたときは、イエローカード**です。

それは相手が悪いわけではなくて、私が「余計なことをやりすぎていますよ」「自分のキャパを超えていますよ」というお印です。

ところが、このお印を逆に解釈して、

「もっと尽くさないと認めてもらえない」とさらに自分の中心から離れていくことを選んでしまう人が多いのです。

自分への愛が枯渇しているのに、誰かを優先、誰かを優先とやり続けていると、イエローカードではすまなくて、強制終了のレッドカードが出てくるわけです。

自分のキャパを超えてやったときに、その人に対して攻撃みたいなものが自分の中に湧《わ》き上がってくる。

「やってあげたのにあの人は気がついていない」とか、「感謝が足りない」とか、それを思っているときには、私自身がまだ枯渇している証拠です。

人のために動くより先に自分を自分で満たさないと、やってあげたのにと恩着せがましくなるエネルギーを発する。

生き霊飛ばしがすごいわけです。

あの人にもやってあげたのに、この人にもやってあげたのに、こんなこともやってあげたのにと、ガンガン生き霊を飛ばす。

生き霊を飛ばすぐらいだったら、やらないほうがいいと思いませんか。

私はそれに気がついて、

「争い事をなくすために地球に対して私が一番貢献できることは、誰かのためにでなくて、まず私を満たすことだ。これしかない」と思ったのです。

**私が、私の内側から平和になること。**
**それが外側の世界に反映されていく。**
**すべては私の内側だからです。**

それで「ご自愛活動」と名付けて、日々のいろんな場面を意識的に生きることを実践しはじめました。

## クレクレ星人に出会ったら

マザー・テレサみたいな人は自分で自分を満たして器から愛があふれているから、誰かのためでなく、自分が望むことをやっていると、
ああやっていろんな方が助かっていく。
おまけにみんなが「マザーのために何かしたい」と言って、宇宙のサポートが入るわけです。
でも、枯渇している私が自分のことをないがしろにして、

誰かのためにと思って恩着せがましくやっていると、
枯渇したクレクレ星人が、「くれ、くれ」と言って集まってくるわけです。
見ていると、枯渇したところには大体枯渇した人が引き寄せられて、
「くれ、くれ」とやっているんです。
「あなたが私に尽くしてよ」とか、
「いや、私のほうがあなたに尽くしてもらいたいのよ」と。
みんな待って。
その前に、まず自分で自分を満たすことをやらないと、
他人に自分を満たしてもらうという投影がまた始まるわけです。
「悟ってよ」「私の気持ち、わかるでしょう」とか、
「私の気持ちをちゃんと酌《く》んでちょうだい」というのもまた生き霊です。
「夫婦なんだから言わなくてもわかるでしょう」とか、
「友達なんだから言わなくてもわかるでしょう」と言うけど、
感性や価値観といった物差しは一人一人違うのだから、わからないです。
自分自身が枯渇していれば、枯渇したパラレルワールドのクレクレ星人とつながっ

ていくのです。

いろんな会社を見ていると、枯渇しているトップの人がいるところは、やっぱりうまく回っていかない。がんばるということを、勘違いしている。

社員のためにとか、身を粉にして働くとか、自分は楽しくなくても、今これが世の中で当たるだろうみたいなことで動いていっちゃうと、どこか違ってくる。

「これでおカネが回ってくるに違いない」とかいう動きをしてしまうと、

自分自身の本当の喜びとちょっとずれてきて、やっぱり宇宙のことと違うから、

それはちょっと違うよねということが出てきてしまいます。

枯渇していたらクレクレ星人の会社になってしまって、本当にいろんな会社から利用されることになってしまうのです。

社長さん自らが楽しんでいる会社はうまくいっている気がしませんか？

まず自分で自分を満たすことをやっていると、

常に自分の期待を人に投影しないわけです。

いつも波動が楽ちんで、

「何とかなるよね、困ったら誰かが助けてくれるよね」という感じでいると、目の前に親切な人が現れて、恩着せがましくもなく喜んで分かち合える。

それは、人と人とが出会って、愛そのものを増やしていく行為にほかなりません。

相手の思いやりの気持ちをいただける、ということは、私自身がクレクレ星人ではなくなってきている証拠です。

ご自愛活動の効果だと思っています。


クレクレ星人をつくらないようにするのが私のやりたいことかなと思っています。

ご自愛活動で自分で自分を満たすことをやっていくと、地球の波動がすごく整って、クレクレワールドではなくなる。

人のためにやっているつもりはないんだけど、自分が楽しいことをやっていたら、たまたまパズルがカチッと合って、結果的に誰かの役に立てていたという世界が現れるのです。

「やってあげたのに感謝が足りない」から

「やったつもりがないのに感謝される」という世界への移行です。

そのために、私は簡単なご自愛活動から地道に続けているのです。

## ご自愛は小さなことの積み重ね

例えばよくあるこんな場面ではどうでしょう。

誰かが大切な話をしている時に、トイレに行きたくなったとします。

その時あなたはどうしますか？


きっと多くの人は、きりのいいタイミングまで我慢するのではないでしょうか？

トイレを我慢することは、場の空気を崩《くず》さないとか、話を中断させないようにという、愛の心でやっていることかもしれません。

でもこの時、「早く終わらないかな」「いつまでしゃべってるの!?」という念をいつの間にか放っていませんか!?

その場に気を使って空気を大切にするあまり、自分の体の声を尊重してあげないというのは、ご自愛活動でいうとブッブー（×）です。

みんな自然に「ちょっとトイレに行ってきます」と言い合えるようになったら、もっと楽に愛を表現していい世界になっていくのかもしれないですね。

こんな感じで、ご自愛活動は「トイレを我慢するかしないか」といったちょっとした場面から始まっていきます。

## 私が私に許可してあげる

ダイエットにも買い物にも通じることですが、

ご自愛が足りていないサインは生活の様々なところ出てきます。

食べても食べても満たされなかったり、

持ち物は溢れているのに、どれも好きじゃなかったり。

このとき先ず大切なことは、

益々制限してしまうことではなく、自分にすべて許可してあげることです。

例えば、ダイエットなら、
「毎日、いつ、どれだけ何を食べてもいいよー」と許してあげる。
大事なのは、本当に食べたい物を本当に食べたいだけ食べること。
私達は日々それほど食べたくない物まで、ただ無意識に口に詰め込んでいるのです。
「今日食べたいだけチョコレートを食べて、明日からダイエットする」
というやり方よりも
「チョコレートをいつでも食べたいだけ食べていいよ」と許可してあげるのです。
チョコレートをウンザリするくらい食べたら、しばらくは見たくないですよね。
「チョコレートいつ食べてもいい」って自分に許可したら
「いつでも食べられるんなら今は一粒で満足したから、
また後で食べたい時に食べればいいや。今はいらないや」
ってなると思いませんか？

私達は自分の「罪悪感」や「悲しみ」や「満たされない部分」を
食べたり買い物したり誰かにぶつけたりして、
無意識に何か外側のもので埋めようとしてしまいます。
そうやって一時的に満たしているのです。
**だけど、あなたが本当に欲しいものは何でしょうか？**
自分の声を聞いてあげて、
今、本当に食べたい物を食べたいだけ食べる、満たされたら、残す。
カロリーや栄養バランスを考えなきゃとかではなく、
自分が本当に今、食べたい物を食べる。
ということをやり始めると、異常に食べすぎたりせずに、
いつも自分が食べたい物を適量食べて満たされるようになってきます。
自分の心の声に向き合ってあげているので、ストレスがないため
リバウンドもありません。

これも、ご自愛活動なんです。

自分の本当の声を自分がいつも満たしてあげる。

これをやり始めると、ストレスが減ってきます。


買い物も同じです。

本当に欲しいのはAなのに、「私には高いから」とか、

「好きだけど、毎日使う訳ではないからもったいない」とか、
自分に変な言い訳をして諦めてしまいます。

よく考えてください。

それ「自分はそんなレベルの人間ではない」と自分を制限しているだけなんです。

自分は本当はAが欲しいのにそれを満たしてあげないで、
Aに似ている安い値段のBや、本当に欲しいAではない2番目候補のCで我慢する。

だけど、本当に欲しいAを買わないで似たようなBやCを買っても満たされないわけです。だから、延々と買ってしまう。

「自分には身分不相応だから」「私なんて無理だから」と制限しているのは自分しかいません。

そうすると、目の前にも制限をかける人が現れて、あなたを攻撃してくるように感じてしまうのです。

その人を通して、自分の内側にある罪悪感を見せてもらってるんですね。

## 一番欲しい物を買う許可を与えてあげる。

本当にときめかない物は買わなくていい。

「おカネがあれば、やりたいけど…」と言う意見が聴こえてきそうですね。

実はそこにも宇宙のカラクリがあります。

見えないエネルギーとおカネの関係は、第5章でたっぷりお話しします。

ここでは「おカネがないから、好きなこと（もの）は得られない」ということも、最大の刷り込みだということをお伝えしておきましょう。


自分がやりたい事ができないのを、誰かのせい、周りの環境のせいにして誰かや何かに自分の期待を投影してしまうと、

「どうせわかってもらえない」「どうせ私には無理」と

何かを攻撃したり、自虐して卑下したり、罪悪感に苛まれたりしてしまうのです。

小さな小さな自分の日常で、何を選択して、
何を自分自身に許可してあげていないのか？
私達は、全て自分が許可した世界の中に生きています。
ああなりたい、こうなりたいと思っていてもなれない一つの原因に
自分自身が許可してないということがあります。
だから、ご自愛活動をするのです。
だって鍵を握っているのは自分自身だとわかったら、あとはご自愛してあげるだけ。

他人が、ではないのです。
何かが、ではないのです。
**一人一人が自分自身に向き合って、**
**自分の声に耳を傾けて聞いてあげる。**
**行動してあげる。**

**満たしてあげる。**


先ず私がいつも満たされているご機嫌な人になりましょう。

向き合うのはいつも自分自身です。

## 目の前の人の本当の姿を思い出す

生きていれば、どんな人にもたぶんいろんな問題があると思うのです。

私にももちろんあります。

私もこんなことを言っていながら、自分の中に問題は山ほどあります。

ただ、今までは問題として反応していたことを、

「ちょっと待てよ、これはこの人の問題ではなくて、私の内側を見せてくれているだけだな」と距離をとって観察できるかどうか。

まず**「目の前にある問題を、問題視することをやめる」**ということです。

そしてもう1つ大事なのは、「その人そのもの（＝存在）」と、「その人が持っている意見と行動（＝人格）」は全く別物だから、離して考えなくてはいけないということです。

例えば、演劇で渡辺謙さんがキャスティングされて何か演じるときに、渡辺謙さん自身をその役の人格だと思いませんよね。舞台上でのせりふも行動もキャスティングされた渡辺謙さんが演じているのであって、渡辺謙さんという人は別にいます。

この視点を、現実の目の前の人にもそっくり当てはめてもらいたいのです。

私たちは、目の前の人の発言をその人そのものとして受けとめ、存在をジャッジします。ですが、目の前のその人は、人格ではなく、魂存在そのものなのです。

私たちは、この地球で肉体をもってそのことを思い出し合うために出会っています。

地球のカラクリはそういうことなのです。

「私たちはこれを演じにやってきているだけなんだ」ということを

どこかで俯瞰《ふかん》する自分がいないと、ドラマに巻き込まれていってしまうのです。
問題にグワーッとはまっていって、
「あの人が悪い」「この人が悪い」「もう会社はイヤだ」と思ったときに、
「あっ、またはまっちゃってた」と俯瞰する自分がいると、
そこからスポッと抜けられます。
その役割にのめり込んで、完全に巻き込まれちゃっていた私から抜けて、
ただこの地球での**波乱爆笑劇場**の世生子なんだと、
魂の視点から見たときに、その背景で本当は何が起きているかということまで、
全部見えてくるわけです。

**みんなその役を演じてくれて、私のために言ってくれているんだ。**
**そうすると、その奥には、必ず愛というものが見えてくる。**
**この世界には本当は愛しかないんです。**
そういうことにちょっとずつ気がついていくことが
五次元に近づいていくプロセスです。

**起きている出来事を視点を変えて捉えていくことは、次元上昇にどうしても必要なことなのです。**

## 唯一無二の存在として、今を生きる

世生子というエネルギーは地球に唯一無二の存在です。たった一人です。ほかのどんな人も代わりができない。

世生子という人は地球で思う存分、好きなように生きていいよと神様から送り出されているのにもかかわらず、私が常に誰かに生き霊を飛ばして、中心軸を誰かに乗っ取られている状態だったらどうでしょう。

わかりやすいように「乗っ取られている」という言い方をしますけれども、その人が乗っ取っているわけではないんです。

ダミーであるその人に乗っ取らさせているのは世生子です。

その人のことを考えるたびに「乗っ取られている」となると、自分の中心軸を世生子というエネルギーで生きている人は、この地球上に一人もいない、ということになります。

乗っ取られている人が、願望実現できると思いますか。

世生子のエネルギーがきれいに流れていない限り、世生子の願望はこの地球上で発信されないわけです。

私が自分にウソをつかず、自分らしく唯一無二の世生子として生きたとき、宇宙は必ず味方してくれます。

**過去のことはうんこですからね。**

**実は未来もうんこなんです。**

過去もうんこ、未来もうんこ、じゃどうすればいいの（笑）。

量子物理学的には、「今しかない」ということが完全に証明されています。

## みなさんウソついてませんか？

自分のエネルギー、世生子として生きる。
常に私にウソをついているにせもの世生子が地球に存在して、
何の役に立つんですか。地球に何のために生まれてきているんですか。

**みなさん、自分自身にウソをついてしまうときってありませんか？**
私は、自分にウソをついている瞬間がいまだにあるんです。
それを自分で必ず見つける。
そして、ウソをついてしまった自分もまるごと受け入れて、
また次の瞬間からやり直せばいいのです。

自分にうそをついちゃうちょっとした場面。

例えばフェイスブックをやっているとしたら、お友達が「いいね！」を押していたから、「いいね！」を押さないといけないんじゃないかと思って押す。
それって、本当に「いいね！」と思っていますか。
押したくなかったら押さなくてもいいんです。

**なぜなら、それもダミーだから。**

一見、「いいね！」というボタンを押したという行為で、
みんなと仲よくいったと思っているかもしれませんけれども、
ご自愛的に見たらブッブー（×）。
思っていないのに「いいね！」を押しちゃったねということで、マイナスです。
小さなことと思うかもしれませんが、
これが自分のエネルギーとしてこの世に存在するかどうかの分かれ道。
すごく重要なポイントです。

**こうして自分の本質から離れて、離れていくうちに、**
**どんどん病気をつくり出してしまうし、**

**自分の中心軸に入れなくなってくるのです。**


自分は本当は「いいね！」を押したくないのに、みんなが押しているからとか、人間関係を丸くおさめるために押す。

こんな小さなことから変えていかない限り、世生子という人間は一体地球のどこに存在しているの、あなた、ウソばっかりじゃん、っていうことになってしまうのです。

今の社会では、人とうまくやる為に自分の本当の気持ちにうそをついて、仮面をかぶった生き方をすることが、当たり前になってきてしまっています。

もうそろそろ目醒めませんか？

真実の自分として生きることに。

## オセロの駒はどっち？

私はいつもオセロの駒にたとえるのですけど、

白い駒で挟んだら白く変わるし、黒い駒で挟めば黒い駒に変わってしまう。
ネガティブとポジティブと言われているものは表裏一体の同じもので、
どちらから見るかという角度の違いから、
違うものを見てしまうということなんだなと思っています。

きょうは人生初となる本の取材を受ける大切な日ですが、
実は宇宙はこんな日にもネタをくれました。

私は朝早めにタクシーを頼んで、カフェに寄ってゆっくりコーヒーを飲んで、気持ちを落ちつけてから来ようと思っていたのに、タクシー会社から電話がかかってきて、「すみません。タクシーのご用意がちょっと遅れそうです」と言われたんです。

さらに運転手さんがまた道に迷ったりして、カフェでコーヒーを飲む時間が本当になくなっちゃった。私はコーヒー命なのに、一口も飲まないで取材が始まったらどうなるんだろうと思っていました。

でも、この取材を受ける部屋に入ったら、コーヒーのすばらしい香りがしていて私のテンションはマックスで、うまくいくのはやっぱり間違いないんだと思った。

そしてヒカルランドの社長さんみずからが腕をふるってくださり、煎《い》りたて、挽《ひ》きたて、淹《い》れたてのコーヒーをいただけてお話が始まりました。

ネガティブなことが起きたときに、そこに反応せずに、

「これは絶対にいいことにつながっているんだ」と思うか、

「タクシーが遅れている、カフェでコーヒーが飲めない、これは私の出版が最初から祝福されていない」と思うか。

私が黒を見るか白を見るか、どちらから始めるかというのはすべて私が握っているんですね。宇宙が握っているわけではなく、私がチャンスを握っているということをいつもいつも認識していないと、幸せの手綱《たづな》を明け渡しちゃうんですね。

宇宙はどっちにも転べるように用意してくれている。

だから、その出来事にクレクレ星人として反応するのではなく、

すべてはうまくいっているという意識的視点からスタートすることを私はやっていきたいと思っています。

私は、世界を黒い駒で挟む「クレクレ星人の生き霊飛ばし」が、地球上の飢餓《きが》とか、戦争とか、争い事すべての根源じゃないかな、と思っているんです。

「どうしたら生き霊を飛ばさないでいられるのか」と思って、自分の中でご自愛活動を続けていくうちに、何かの不安に包まれている自分ではなくて、「すべてがここにある」と気づいた瞬間がありました。

## 中心軸が感謝で満たされた体験

温泉に宿泊していたときの話です。

私の大好きな温泉宿なんですけど、そこは宿泊すると、1人1人にお釜でごはんを炊いてくださるのです。

波動水の温泉の中にゆっくり包まれながら

「このお風呂から出たらその朝食が待っている」と思った瞬間に、

私ははっと気がついて、泣けてきちゃったんです。

私は、新幹線に乗って、電車を乗り継いで温泉宿に入ったんですけれども、

誰がこの会社を設立して、電車を動かしてくれているのか。シフト勤務を組んでいる運転士さんとか、点検する整備士の人とか、私が雇っているわけじゃないですね。

私がその会社をつくっているわけでもない。

なのに、新幹線に乗せてもらっている。

私がもしもその会社を設立して、動かしているとしたら、何百億、何千億というおカネが必要かもしれないのに、私は新幹線に乗る料金だけでここの場所に運んでもらえる。

宿泊も、私が料理長を雇っているわけでもないのに、

自家製ファームがあって、そこでみなさんが土を耕して、お水を汲《く》んで、野菜を育てて、私の朝食をつくってくれているのです。

私はそこにいくら払っているかといったら、2食つきで1万円に満たない宿泊費し

か払っていないわけです。

今まではおカネを払うことに対して、「この宿泊費、高いな」とか、「新幹線、高いな」とか思って払っていましたけど、全部そこにあるんだ。

私が会社をつくらなくても、私が田畑を耕さなくても、すべての人が私のために動いてくれて、私はただお湯につかっているだけ。

「私って女王様なの？」と思ったぐらいのものがすべてここに与えられていた。

それなのに、私はそれに気がつかないで、不平不満を言って毎日を暮らしてきたわけです。


**感謝があふれて涙が出たその瞬間に、私の中心軸に私がいるなという感覚がやってきました。**


生き霊を飛ばす私ではなくて、私は今、感謝の中にいる。

それも誰かに説教されて持った感謝ではなく、

「ありがとうと思おう」と思ったありがとうではなく、
すべてがこの瞬間に満たされて、何も困っていないと気づいたときに、
ただ自然と感謝の感情があふれ出てきました。
その時、「そうか、これなんじゃないかな」と思ったんです。

どんな最悪の状況でも、「今」に集中して
「今すべてである」「今すべては完璧にうまくいっているんだ」と、
真に自分が与えられているものの奇跡に気がつける視点を持てば、
毎瞬毎瞬、世界を立て直すことができるのです。
だって本当は、「今」しかないのですから。
一人一人がこの中心軸に入ったときに、
シンクロとかすべてのミラクルが起きるんじゃないかと思います。

## データをいただいて、自分のキャパを広げる

あるとき私は、自分は絶対正しいと思い込んでいるけど、「自分の物差しは信じられるのかな」と思いはじめた。

育ってきた環境が違う。受け継いでいる家系も生い立ちも違う。

**そもそも自分の物差しはみんな違うわけです。**

それぞれ「別の国から来た人」と思っていいくらい、誰もが違った見方で世界を感じ、生きている。

なのに自分の物差しを正義の剣みたいに振りかざして、「あなたも私の物差しにはまりなさいよ」とやり合っているのがこの地球です。

はまるほうがおかしい。家族でも、はまるわけないですね。

だって、全く別の人間で、

ジグソーパズルは1ピースも同じものがないように、みんな違うわけです。
地球はジグソーパズルの一人一人が合わさったときに初めて完成する。
そのために来ているのに、私たちがやっていることは、
自分の物差しを「これが正義の剣でしょう」と言って
人を切ったり、人を批判したりしている。
「私の物差しこそが正義と思い込んでいるっておかしくない？」と、
あるときから思いはじめました。
ということは、人の物差しを受け入れたら自分のキャパが広がるのではないか、と
いうことにも気がつきました。
今までは、「これが私の世界なの、あなたもこうしなさいよ」とか、
「私の世界が正しいのよ」と思っていたけれども、
そのことに気が付いてから逆に、目の前に来た人の話を聞くようになった。
「なんでこの人は自分の目の前に来ているんだろう。
宇宙は完璧だから、自分の目の前に来ている人は完璧な存在として何かを私に教え

に来てくれているんだ」

だから私は、出会う人を自分の正義の剣で切ることをやめようと思いました。

その代わり、**「その方のデータをいただいて、自分を許してキャパを広げる」**という実験を始めたのです。

## 「許せない」と「感謝」はオセロの駒の表裏

地球の今回のテーマは「許し」ということだと思うんですね。

「許せない思い」と「感謝の気持ち」は、オセロの黒い駒と白い駒と一緒なんです。

許せない人がリフレインして浮き上がってきて、

「あいつ許せない、許せない」と思うのは、

**チャンスだからリフレインして浮き上がってくる**のです。

いいこととして浮き上がってきてくれて、

**「これを受け入れて許せたら私のキャパが広がるし、私の世界が広がるし、私の成長もそこに隠されている」**と思うのです。

## うつの人が本当の自分として輝く世界へ

私は「うつや病気の人が本当の自分を思い出す世界をつくりたい」
「うつの人が薬に頼る以外の方法で人生が転換できるよう、治癒への道を改革したい」とすごく思っています。

というのも私は、
「自作自演の波乱爆笑劇場を私が決めてきたんだ。
両親は悪者を演じてくれる、愛の一番大きな人なんだ」
というのがわかったときに、この世界を捉える大前提がひっくり返っちゃった。
「愛されない私」から「愛されている私」に書き換わったのです。

その結果、うつは消えていきました。

悪役は、それを演じているだけであって、誰かの役に立っているわけですね。
一人一人が誰かの役に立っている貴重な存在だとわかったときに、
私は今度はそれを広めることをやっていきたいなと思ったのです。

私は長い長いうつ時代のとき、寝ている時間以外は、

「どういう死に方が家族に迷惑をかけずに、痛くなくて楽に死ねるか」

ということを、ずっとぐるぐる考えていました。

周りは気がつかないけれども、うつの人は大体ネガティブなことをずーっと考えているのです。


自分は被害者で、相手が加害者。

「過去にあんなことされた、こんなこともされた」

「過去こうだったから未来もそうなるし、うまくいかない」

と、悪いデータを引っ張り出してきて、未来にそれを投影します。

そういう部分はみんな少しはありますが、うつの場合はそれがひどいのです。

一方で、私もそうでしたが、うつであればあるほど、違った仮面をかぶって会社とかでがんばるから、外に出ると、「私はちゃんとできます、こんなに明るい私よ」と演じてしまう。そしてますます疲れて帰ってきてしまう。

## 仮面をかぶる限界

私がそれに気がついたのは、息子の学校の父母会に参加していたときでした。クラスの次の食事会の打ち合わせをしなくちゃいけない。

「世生子さんも幹事のメンバーだから、父母会の後、打ち合わせするから残ってね」

と言われて、「うん、わかった」と言ったんです。

別にすごい大役ではなくて、ただの食事会の幹事なのに、なぜか
「もうここにはいられない」と思った。

普通そういうときには、「ぐあいが悪くなったから」とか、「ちょっと用事があるか

ら」と、必ずみんなに断るのですが、誰にも何も言わないで帰ってきちゃった。帰ってきてから、「私、大切な役目をすっぽかして何ということをしちゃったんだろう」と思ったんですが、連絡もできない。「ごめんね。きょうすっかり忘れて帰ってきちゃった」と、取り繕《つくろ》うことすらもできない状態になっていた。

すごく無理をしていたんだと思います。限界だったんですね。

それは息子の父母会云々《うんぬん》ではなくて、**ウソの自分と本当の自分のギャップが強すぎて、もういつも明るく元気な私を演じることができなくなって、パーンと壊れちゃったんだと思うのです。**

今までがんばっていいお母さんとか、いい妻とか、いろんなことをやってきたけど、もう無理だと思って、バタンとなってしまった。

そうなる前に、本当は何とかできたと思うのです。

でも、そうなるまでがんばっちゃったということです。

うつの人は、どうしたいかということが麻痺《まひ》してわからなくなっちゃう。

常にどうすべきかを優先してやっているから、本当に見えなくなってきて、ますますエネルギーが枯渇して、とんでもないことを引き寄せてしまう。

負のスパイラルに入って、負のエネルギーの中でもがいている感じで、全然いい方向に浮かび上がっていかれないのです。

それは薬でも無理だと思うのです。

私の弟が内科医で、私がうつ病になったときに、逆に一切病院に行かしてもらえなかった。

「お姉ちゃんは薬依存症になるのが目に見えているから、僕は病院に行かないことを勧めるよ」と言われた。

「じゃ、どうしたらいいの、病院にも行っちゃだめ、治療法もない」となったときに、スピリチュアルなワークやエネルギー療法、代替医療との出会いがありました。

うつが治ったときに最初に思ったのは、

「こんな平和な日本で年間3万人が自殺している。飢餓も起きていない、食べ物もあふれている国で、なんで3万人も自殺しているんだろう」

下手すると私はそのうちの1人だったわけです。

おかしくないかなと思ったときに、

「エネルギーのベクトルの向きが間違っているだけなんだ」と思ったんです。

うつになる人はエネルギーが強すぎて、自分に攻撃のベクトルを向けてしまうんです。このエネルギーの向きを変えれば光の柱を立てて、真の自分を生きる人になる。

もともと、エネルギーの強い人が多いので、人々の心と光で繋がる灯台の役割を担う人になると思っています。

私もそうでしたが、うつから抜け出たら、誰かの役に立ちたいという気持ちが先行してくるわけです。

今私には、「自分と同じ心の痛みを持った人に寄り添いたい」という気持ちが、湧き上がってきています。

## 同じデータを持って寄り添う

がんになった方や、お子さんを早くに亡くした方が、どうやってそれを乗り越えたのかを、同じ痛みを持つ方に伝えたい、お役に立ちたいとよく言われます。
うつの経験のデータを持っていない人が、
「うつなんてただの怠け病《なま》じゃないの」と言っても、何も響かないわけです。
やっぱり同じ心の痛みを持った人だけが寄り添える、
何か響くデータを持っているのかなと思います。

それだったら、私の中にはいろんなデータがあります。
自分を痛めつけて痛めつけて、
大抵のネガティブな感情は私の中で学んでいると思うんです。
「親を殺したい」「自殺したい」と思うような最悪の憎しみの感情、
地獄を見てきたデータも持ち合わせているし、
逆に、そこをはい出てきて何かできるというデータも持っている。
実体験のデータを持って誰かに寄り添えたらいいなと思っています。

## 5次元の物差し

思考が変わり、オセロの駒がひっくり返るように、同じ世界を真逆から見ることができたことで、私のうつは消えていきました。

この体験から、全ては「物差し、見方なんじゃないかな」と思っているのです。

思考を変えるとか、物事を見る角度を変えるとか、物差しを変えることから病気をなくすこともできるし、うつからはい出ることもできる。八方塞がりから抜ける。

私はその手伝いをやりに来たんじゃないかと思っていて、私は医者ではないけれども、とにかく医療改革をしたいと思っています。

西洋医学の治療とかそういうことではなくて、真の意味での治癒に向かう道です。

ベクトルの向きが違うだけだと思っているので、このベクトルの向きをこっちに変えればいいだけだから、それは本当に一瞬です。

オセロの白い駒で挟むとパッと白になる。そういうイメージが来ているのです。

今フラワー・オブ・ライフ（神聖幾何学）が世の中に出てきているのは、立体的に五次元の物差しで物事を見るということです。

「人の物差しで物事を見る」とか、「自分の物差しを正義の剣として人に当てはめる」というやり方を手離すことが目醒めて意識が拡大していくためには必要なことなんですね。

**一人一人が「5次元の物差し」を持つ。**

自分としてこの世で遊ぶ在り方に移行するポイントは、この「五次元の物差し」を手に入れるかどうかなのだと、私は気がつきました。

## 「八方塞がり」を上からのぞく

例えば東京タワーから人を見ると、人は本当にアリンコのように小さい。

でも、その中に入ってしまったら全くわかりません。

遊園地の迷路で迷うと、どっちが抜け道なのかわからないけれども、角度を変えて立体的に上から見たら抜け道はわかります。

私は、自分の人生は八方塞がりだとずっと思っていたんです。

でも、角度を変えて見たら、「八方塞がりじゃないな」というものが見えてきた。

「上からのぞく」

これを一人一人がやっていく時代が来たんじゃないかなと思います。

別の言い方で言えば、自分で自分のことを「こういう人」と決めつけてしまうのではなくて、「自分には無限の可能性がある」という大いなる視点から見るときが来たということです。

# Ⅲ

# 超立体的な時空のつなげ方

太陽のサン

産みだすサン

讃《たた》えるサンに

賛《サン》成

参《サン》加

愛燦々《サンサン》

この世はね
サンをならべる
ゲームだよ

光３３３研究所
サポーター’S

## ドレスがつなげる時空の糸

私が生まれて一番最初に記憶している母との会話は、洋服を着せられながら、「おまえは何を着せても似合わない子だね」という言葉なんです。

そのほかにもたぶん母は、「かわいいね」とか、「いい子ね」とさんざん言葉をかけてくれたにもかかわらず、私が最初に記憶している言葉は「おまえは何を着せても似合わない子だね」なんです。どれだけネガティブな子かわかりますね。

それ以来、「私は醜《みにく》いアヒルの子なんだ」と自分の中でずっと思って、ずっとそういう生活をしてきました。

あるとき、「パッションテスト」というのを受けるチャンスがありました。「パッションテスト」というのは、世界的な指導者であるジャネット・アットウッドが考案した自分らしさを明確にする情熱発見ツールで、世界46カ国以上で行われている自己発見法です。

この「パッションテスト」を受けてみたら、

私が最も情熱を持つものは、「ファッション」と出た。

でも、ファッションは私の一番のトラウマになっている。

「おまえは何を着せても似合わない子だね」と言われているのに、

「なんでファッション？」と思って、気がついたんです。

私はもしかしたらオセロの黒い駒と白い駒を仕組んできたんじゃないか。

知恵の輪のパズルみたいにわざと複雑に絡めて、

母に「おまえは何を着せても似合わない子」とリフレインさせて、

そのトラウマをしっかり抱えていたけれども、本当はやりたいんじゃないか。

だから、見つけられないようにわざと

「私はファッションだけは無理です」とくるっとセットして、

オセロの黒い駒と白い駒みたいに隠してきていたことに気がついた。

「でもこんな私が、ＴＰＯをわきまえず、この服を着たいと思ったら着ていくことができるの？　そんな勇気ない。怖くて無理、無理」と思ったんです。

パッションテストはおもしろくて、私が夢をかなえたとき、「お気に入りのファッションでどういう場所に立っていたいのか」というシチュエーションを思い描くんです。

このとき、「こういうドレスとこういう帽子をかぶって、私はその場所に立っていたい」という映像がバンと出てきたんです。

それは今まで私が着たこともないようなドレスで、かぶったこともないような帽子。

だいたい、帽子なんてほとんどかぶらない。

そんなドレスと帽子がどこにあるのかもわからないわけです。

「その洋服はいつ見つかるの？　きょう？」と宇宙に聞いても、

「きょうじゃない」と降りてくる。
「きょうは街をぶらぶらしてもいいな」と思うような気持ちのいい日に、
「きょうは、どうかしら？」と聞いても「きょうじゃない」
あるとき突然、「きょうだ」というメッセージを受け取り
いそいそと出かけていったら、
街のショーウインドーにイメージにぴったりのドレスが飾られていたんです。
イメージのドレスはこれだと思った。
ショーウインドーに1着しか飾られていなくて、
会社名が書いてあったので、そこへのこのこ訪ねていった。

「あそこに飾られていたドレスを見に来た」と言ったら、
「ありますよ」と言われて、試着したらサイズもぴったりだった。
すごい高揚感があって、これを着たいと思ったんですけど、
「こんなドレス、どこに来ていくの。着ていく場所もない」と思ったら、
もう思考が邪魔して、ダメダメとなった。

隣に無難な黒いドレスがあって、これだったらお友達とホテルのディナーとかカクテルパーティーみたいなときにも着ていける。

「私、これにします」と買って帰ろうとしたら、3人いた店員さんみんなに
「あなたは何を言っているんですか。あなたはあのドレスに一目惚れして買いに来て、サイズもぴったり。みんながすごく似合うと言っているのに、このドレスにしないで、あっちにするんですか」と言われた。

魔法にかかったみたいに、「それもそうだよね。思い描いていたピッタリのドレスなのに、なんでこの無難なドレスを買うんだろう」と思って、そのドレスを買って帰ったわけです。

そしてまた別の日に、なんとなく導かれて入った別のお店で、これまたイメージにぴったりの帽子とめぐり逢ってしまった。

それからしばらくして、知り合いになったばかりのある社長さんからメールが来て、「世生子さん、パーティーに行きませんか」と言われました。

どういうパーティーなんだろうと調べてみたら、芸能人も来るカクテルパーティー

で、去年のパーティの写真に、カクテルドレスを着た女の人たちの写真があった。
着ていく洋服はあのドレスぐらいしかない。
「これは私が1つの壁を越えるいいチャンスなんじゃないかな」と思って、
ドン引きされてもいいからゲームに挑戦するつもりで、
その帽子をかぶって、そのドレスを着て行ったのです。
知り合いは、たいして親しくもない社長さんだけ（笑）。
パーティでみなさま積極的に名刺交換する中、私は椅子から動けない（笑）。
そうしたら、その会場で突然
「きょうこの会場に来てくださっている中で、男性と女性のベストドレッサー賞を決めようと思います」と始まった。
私はそんなヘンテコリンなドレスで行ったにもかかわらず、
ミラクルが起きて会場の方々が投票してくださり、
なんとベストドレッサー賞のトロフィーをいただいて帰ってきちゃったんです。

## 過去、今、未来は同じ時間軸にある

このとき、私はある地球のカラクリに気がついたのです。
「あれ？　もしかして、このドレスは、すでに決まっていた未来からの情報をキャッチしたから、パッションテストのときに明確にイメージが浮かんで、
ショーウインドーに飾ってあるのを見つけたのかも……」
そう考えたら、面白いなって思いました。

過去、今、未来というものに隔たりはなく、
過去、今、未来は同じ時間軸にあるわけです。
私の未来の可能性の中で、私がパーティでそのドレスを着てトロフィーをもらうと
いうことが決まっていたから、私の思い描いたのとまるで同じようなドレスがあって、

そのドレスを買うというシチュエーションをもらえるんだなと思ったんです。どうしたらそういう時空を超えた情報を一番もらえるかといったら、自分の中に今すべてであるとか、時間軸もすべてであると受け入れている状態。生き霊を飛ばしたり、ダミーに乗っ取られたりしている状態ではなく、自分の中をゼロの状態に近づければ近づける程、未来からのデータは受け取りやすくなっていきます。

そして情報をキャッチしたら、直感が導くままに行動を起こすこと。行動して、自分にその現実を体験させてあげるのです。

このとき「怖い」というキーワードが出てきたらどうするか。

「あなたはやりたいの、やりたくないの」と自分自身に対して質問してみて下さい。

もしそれがやりたくないことだったら、絶対に「ノー」と出ます。

行きたくない場所も「ノー」と出てくるんです。

でも、「怖い」というキーワードが出てきたときは、本当の気持ちはやりたいんです。

「やりたいけど怖い」

同じことをやり続けていたら、私の世界は同じままです。

パラレルワールドにシフトするのにも、勇気と覚悟は必要です。

そのドレスは私の中で忘れられないドレスになりました。
TPOや空気を読むのではなく、
「着たい」「チャレンジしたい」という気持ちのままに、
自分に体験させてあげることができた。
私が私の壁を越えた記念すべき栄光のドレスです。

## 宮殿とドレスと私

それからまたしばらくたって、

「ヨーロッパの王家の晩餐会に行かない？」

というありえないお誘いが来ました。

「はあ？　何それ」と、またドキドキするわけです。
そんな会に呼ばれることは普通ないじゃないですか。
それも、そういったお誘いはいつも直近に知り合った人から来るんです。
事の始まりは、そのちょっと前に知り合った人に
「ある大使館でエビ・パーティーというのがあるから、来ない？」と言われて、
私はこの世の中でエビが一番大好物だから行くことにしました。
エビ・パーティーに呼ばれて行ったら、そこにある女性がいらっしゃいました。
対角線上ですごく離れていたのですが、
「初めまして」と言って、その女性と最後にお茶をした。それで別れたんです。
後日、その女性が「ヨーロッパ王家の晩餐会」のお誘いを受けたときに、
なぜか私の顔がポンと浮かんだらしいんです。
こうして大して親しくもない私を「いかがですか」とお誘いしてくださった。
私は、それ相応の洋服がないから着物で行くべきだと思ったんです。
王室の晩餐会だったら日本人らしく着物がいいんじゃないかなと思って、
現地で着物を借りて、着つけができる人をネットで探すけれども、

なかなか見つからない。やっと見つかったと思っても、その着付師とコンタクトをとろうとすると、時差やら、着物の好みが合わないなどうまくいかないんです。

「なんか流れがスムーズじゃないなあ。これはもしかして着物じゃないのかも」と思ったときに、

私の友達に「うってつけのドレスがあるじゃない」と言われた。

私は例のドレスのことを候補から外していたんですよ。

肩が出ているので、却下していたんです。

「そういえばあのドレスは全く候補に入っていなかったけど、どうだろう」と思って、その日はもう化粧も落としてスッピンだったんですけど、

そのドレスを着てみたら、ウワーッとエネルギーが上がってきて、高揚感がすごい。

「洋服の力はすごいんだな」と思いました。

私は、衣食住の中では洋服は一番後回しかもと思っていたんですけど、

洋服はその人にまとわせるエネルギーを持っているので、やっぱりすごいんだなと改めて思いました。そして宮殿に着ていくのは、このドレスしか考えられないと思った。

これがそのときのドレスなんです。

おかしくないですか。普通、こんなの街に買いに行かないでしょう。
でも、これがショーウインドーに飾られていたんです。

## 立体的な時空のつなげ方

すべては未来に決まっていることから起きていて、
だからワクワクしたり、反応したり、怖いと思ったりする。
時間軸の流れは、「過去、今、未来」は同じところにある。
このことに気がついたら、未来からデータを起こしてきて、
今につなげることができるんじゃないかと思うんです。

これは教えていただいたんですけれども、
**今の私が過去の私にメッセージを送る方法があります。**
朝起きたときに「ああ、幸せ」と言って、1日過ごします。
そして夜寝るときに、その日の朝起きた自分に向かって
「きょうはこんなことがあったよ」と話しかけるのです。

これを続けていくことによって、

**「未来の私が過去の私にメッセージをくれる道」**ができてくる。

今の私は、少し前の私にとっては、未来の私ですよね。

未来の私が常にちょっと過去の私に話しかける。

「ほら、うまくいったでしょう」と言ってあげて、

「そうだね。うまくいったよね」というデータを刷り込んであげる。

そのことによって、**「過去の私」と「今の私」「未来の私」が同じ軸に入る**ようになってくるんじゃないかなと思っています。

いつも「未来の私から過去の私にメッセージを送る」ということを繰り返していくことによって、時空を超えた情報共有が当たり前のように起こせるんじゃないかと思います。

そして、未来の私と過去の私の距離をどんどん縮めていったら、

虐待を受けていた私に「大丈夫だよ」と言える。

過去の私から未来の私まで今ここでつながるということです。

## 過去の自分に寄り添う

ヒプノのセッションのときに何が一番有効かといったら、

今無事に生きている大人の私が、過去の虐待を受けている場面の小さな私に寄り添ってあげられることです。

虐待の日々を乗り越えて大人になって、

こうやって無事に生きている強い私が寄り添ってくれるのが、

小さいときの私にとっては一番心強い。

未来のあなたはこうやってそれを乗り越えて、こんなに元気に笑っているからと。

私は小さな私に寄り添ってあげたときに何をしたかといったら、

虐待を受けている場面で言えなかった言葉を言わせてあげた。

「痛い」とか、

「それをされたらとても悲しいしつらい」

「お兄ちゃんや弟たちは愛されているのに、どうして私ばかり愛されないの」

「どうしたら愛されるの」って。


私は虐待を受けていたときには、悲鳴をあげることも悲しい辛い感情も、「自分がどうしたいのか」というのを全部のみ込んでいたのです。

こうなるのは私が至らないからだ。

私がもっと良い子になればと自分を責めてばかりいました。

すべて悪いのは私。どうしたいかではなくて、どうすべきか。

いつも父が暴力を振るって、母が血を流して、とめに入るとボコボコにされてという悪循環を「どうしたら私は断ち切ることができるのか」と小さいころからずっと思っていた。

だから、両親がケンカしないために、
私はやたらと空気を読んで、やたらと気を使って、
自分のやりたいこととか希望を言うとボコボコにされるから、言うのを止めたり、

正当な事を言うとまたなぐられるからそれを黙っているということが私の一番やらなくちゃいけないことでした。
どうしたら争いが起きないかということにずっとエネルギーを使いすぎてきた。

ヒプノのセッションの中で初めて、
「私は愛されたい、どうして私だけ愛されないの」と、
その場所で言えなかった言葉を言わせてあげることができた。
大人の今の私が寄り添ってあげて、過去の小さな私を守って、
そのとき言えなかった言葉を吐き出してあげたことによって、
心の中のポッカリ穴のあいていたところが埋まるんです。
「言っていいんだよ、悲しいって、痛いって、辛いって、声に出して言っていいんだよ」と許可してあげるんです。

そして、未来、今、過去は同じ所にあるのだから、
「今」を変えたら過去も未来も変わるということです。

同じ過去でも見方が変わればそれは辛い体験ではなく私の中でのデータになる。

それも幸せへとつながっているデータです。

そして、未来の私にも「今すべてここに在って幸せだから、次も大丈夫だよ」って言ってあげる。

## 幸せの手綱は私が握っている

さっきも、それをずっとやってきたんです。

タクシーの中で、

「きょうは大事な日なんだけど大失敗だ。私は1時間も前にタクシーを呼んだのに、配車の手違いなのか運転手さんが寝坊したのかわからないけれども、遅れるなんて、どうしてくれるの」というのが、超ネガティブな今までの私だったんです。

私を被害者にして、タクシーを加害者にして、いつも私は悲劇のヒロインになって、「やっぱり私はうまくいかないのよね」と、過去のそういうデータも引っ張り出して、あのときもこうだったとなる。
それでもちょっと待って、これがどういうことにつながっているのか、
すべての幸せの手綱は私が握っているのだから、ここからまず変えようと思った。

## 絶対すてきなことにつながっているから大丈夫、と設定する

ちょっと待って、設定し直し!!
このことは、絶対すてきなことにつながっているから大丈夫、
それも1分1秒遅れずにちゃんと行けるから大丈夫、
コーヒーもちゃんと飲めるから大丈夫と設定してきたわけです。

**全ては与えられているということですね。**
**不足しているものは、今の時点では何もない。**
**完璧。「すべてはうまくいっている」が合い言葉。**

完璧な状態でこのコーヒーをいただくために、
タクシーさえも遅れさせてしまう私。
タクシーを遅れさせたのは私だったのかぁー（笑）。
もはや笑うしかない「自作自演」。

社長さんが用意してくださっているコーヒーは、
何となく空気を読めば「これは今じゃないな。途中の休憩タイムに入れてくださるコーヒーだな」というのがわかるのに、でも私は今コーヒーが飲みたい。
かつての私なら、自己評価が低かったから自分の希望なんて言えなかった。
でも、今日の私は「コーヒーを今いただけますか。そうしたら嬉しいです」と、
正直に思いのままを伝える。
その後どうなったか？　コーヒーを飲みながらリラックスして
笑いながらこの話をして、不思議なシンクロで盛り上がる。
今、コーヒーを頂いたことで、すべてがうまくいったのです。

これがご自愛活動です。


私がこの服を着たいと思ったら洋服に導かれて、その用意がされていたわけです。

そこから私はデータをもらって、きょうこの洋服は必ず見つかるはずだと思って、あてもなくフラフラ出歩いていたら、イメージ通りの服が見つかった。


今ここで立体的に時空がつながっているんだとしたら、超簡単なわけです。

未来の幸せな私からのメッセージを受け取るだけ。

これをみんながわからない限り、いつも過去のネガティブなデータを未来に投影して、それが未来のデータだと思って引っ張ってきて、今の自分をつくり上げてしまっているわけです。

そんなの何の参考にもならない。

ではどうしたら良いのか？

大切なので何度でも言いましょう。

**自分を自分の中心軸に置くのです。ダミーにだまされない。**

**いつも完璧、すべてうまくいっていると設定するのです。**
**未来、現在、過去が同じ時間軸にあるのだから、**
**幸せの手綱を握っているのは私です。**

黒を見たいか白を見たいか、あなたはオセロのどっちの魔法をとるの。
黒いオセロの駒を黒で挟んだら本当に黒になるし、
白で挟んだら一瞬にして黒のデータが白に変わります。
今これをやるために私たちは地球に生まれてきているのに、
いつまで生き霊飛ばしやら、乗っとられたりをくり返しているのと思っています。

誰が悪い、彼が悪いと、負のスパイラルの中でずっとこねくり回している。
だって、過去はうんこなんだよ。うんこだって気がついているのに、
「うんこ記念日」みたいなものをいつまでもやり続けている地球の人間たち。
ここにいたら、いつまでたっても乗りかえ不可能だ。
五次元の地球には、

何かをやらなくてはとか、何かの知識がないと行かれないということではなくて、自分の中心軸に戻ったら、一瞬にして誰でも無条件に行けると思うんです。

ジグソーパズルのピースが、
右隣の人はピースは右側が飛び出ていて、左側が引っ込んでいるという形だとしたら、隣にいる私は右側が飛び出ていないと、そのピースには当てはまらない。

それが私の「コーヒー、今飲みたいです」ということなのです。

一人一人のジグソーパズルがみんな勝手に、

「私が我慢さえすればいい」とか、「私が空気を読んで場を整えればいい、わがままを言わなければいい」とかやっている。

大体飲み会のときは、みんなの好物唐揚げが1個残ります。（笑）
最初に「みんな自分の好きなものを一斉に食べて」と言ったら、たぶんきれいになくなると思うんです。でも、
「唐揚げを好きな人が多いから、この人数だと1人1個渡らない人もいるから手を出

さないでおこう」とか、私はいつもそういう計算をしていた人なのです。（笑）
誰かのために残しておいたほうがいいだろうという余計なことを考えると、唐揚げは1個残っちゃうわけです。あーあ。（笑）
地球で今やらなきゃいけないことは、1人1人がご自愛活動を行うことです。

自分にとって心地いいことは人とは違うはずです。

違って当たり前じゃないですか。

その人その人の物差しが違うようにご自愛活動も違う。

誰かのご自愛活動は、もしかしてここでお水を飲むことかもしれない。

でも、私は今この場でコーヒーが飲みたい。

私はその香りに包まれながら、本当に完璧に私はここにいるんだと思いながら、いさせていただく。

一人一人が違っていいんだということを、今いろんな方たちが発していますけど、私に一番わかりやすいご自愛活動はそういうことなんです。

## 自分の中心軸に戻る。人に生き霊を飛ばさない。生き霊はダミーだ。

誰かが自分の目の前に現れてきたら、
それは完璧な自分のシナリオどおりの人が現れて、
シナリオどおりのことをしゃべってくれている。
なんでその人が目の前に出てきて、私に何を知らせようとしているのか。
どうしてその人の言葉に私が反応しているのか。
反応するものが私の内側にあるから反応してしまう訳です。
反応しているのは私なので、原因は相手じゃないわけです。
反応している内側のものを探っていかない限り、なにも解決しない。

でも、もっともっと掘り下げていくと、
きっと問題は何もないということになるんですね。
問題解決しなくちゃいけないことは何もない。
だから、「いつまで過去のうんこのことをずっと掘り下げて見ているの?」

**問題だと思うから問題視してしまうけれども、問題じゃないという見方をすることができる。これが真の解放への道です。**

そうやって毎日毎日、楽に流れていく。

タクシーの遅れから始まって、きっとそれはここで話すためにおもしろい自作自演を仕組んでいたわけです。

そこまで完璧にしちゃう。自作自演ってすごい。(笑)

「なんでタクシーが遅れたんだろう」ではなくて

「ああ、いけない、いけない、またダミーにはまるところだった」

と思っている私がいるのです。

だから、私に起きる出来事は全部

**「波乱爆笑劇場のお笑いのネタになるだけだ」**と思うと、

それを観察しておもしろおかしく自分で取り込んで、めでたしめでたしとやればいいだけだ。

そういうことが、たぶんこの地球で行われているカラクリです。

この地球のカラクリにいいかげん気がついて、みんな自分の1つのピースに戻っていく。

「私らしく生きる」って、それはただのワガママじゃないの？

違います。あなたらしく生きていないから、ぶつかっていただけです。

地球は優しい。人も優しい。本当は愛しかないんです。

だから、大丈夫。

## 五次元は今ここにある

本当にどっちを向きたいのか、どっちを向くのか。

五次元はどこかにあるんじゃなくて、「今ここ」にしかないんです。

**「今ここ」にしかキーワードはなくて、**

## カチッと開けば「今ここ」にあるというのが5次元なのです。

あるとき、私は部屋の中でボケーッとしていたときに、天国は今ここにしかないんだなと思ったんです。

どこか召された先が天国ではなくて、今ここにすでに天国がある。

だから、平和なものだけが見られるのが天国ではなくて、黒もあり、白もあり、これが完璧な状態でつくられていて、どこから見るのかによって天国にも見えるし、地獄にも見える。

三次元にも見えるし、五次元にも見える。

三次元として思えば平面だけど、立体的に自分が奥行きを持って、そういう物差しで見れば、困ったことは1つもない。

**あなたは私、私はあなた、**
**「あなたのデータを私に取り込ませてもらえるよね」と言ったら**
**立体的になります。**

点と点が線でつながって、それがまたいろんな人とつながって立体になっていく。
これをこの世界でやっていくということなんだなと思った。

## 「以上」「以上」「以上」の連続体

授業中サボっているときに、ノートの端によくパラパラ漫画をつくっていたんです。
パラパラとやると連動的に見える。
ですがパラパラ漫画の1枚1枚は完結しているのです。

**「以上」、「以上」と終わっているので、過去に終わったことは「以上」と完結する。**

「以上」という言葉が好きなんです。これで終わりだよと。
「以上」と人に言われると、突き放された感じがして冷たく感じます。
もうちょっとフォローしてほしいなと思ったりもするけど、本当にそれだけだ。

これで終わり。以上。それよりも多くも少なくもない。完璧なんです。

みんなが「以上」「以上」と1つ1つのネガティブなことを終わらせていくことによって、本当に自分の行きたかった天国という世界を、今ここで見られるんじゃないかという気がしているんです。

バカボンのパパがすごいなと思うのは、「これでいいのだ」と完結する。

赤塚不二夫さんはたぶん宇宙人的で、
全部わかっていて、あの本を描いているんだと思うんです。

だから、常にパラパラ漫画の一コマの瞬間を、「これでいいのだ」と終わらせていく。どこに問題があるんですかということですね。

それでいいんですよ。「完了!」という感じでやっていくと、
人生はすごく楽になる。

うつの人で、生きる元気がなかったら、
とりあえずきょうだけ生きてみようと考えてほしいのです。
うつのとき、未来のことまで考えるのは重くてできません。

きょう死にたい。今死にたい。だから、きょうだけの単位で時間を区切って、とりあえずきょうが終わったらよしとして、自分を褒めてあげる。

また次の日も、きょうが終わったよねと、その連続だと思います。

パラパラ漫画の1日が終わって、

「きょうも無事に終わりました。以上」とやっていくと、
少しずつ楽になると思います。

## 全ては私のために起きている

現れてくる出来事は、私の意識が広がるために起きていることなんじゃないかと思って見ると、全てがありがたいと思う。
全ての人が私のために存在してくれて、教えに来てくれていると思ったら、
1人として欠かすことのできない存在だと思うんです。
今ここにすべてがあり、すべて完璧な状態で私たちは存在させてもらっていると思

ったら、ありがたさが溢れてくる。

私の体験は、私の中の夢だと思うんです。
母は虐待ばかりしていたかといったら、愛のすごく深い人だった。
息子を愛し、母の中では、死ぬまできっと私が一番心配だったんです。
私はできが悪いというか、みんなから外れていて、
目に見えないものが見えるとか、変なことばかりしちゃう。
私の弟にも「とにかくお姉ちゃんのことをよろしく」と言っていました。

私は、最近、すごく自立したいと思えるようになってきた。

「覚悟を決めろ」というメッセージをすごくもらっているんです。

この本の話が来る前から、「覚悟を決めろ。もうその時だ」と。

私の中では、女なんですけど、ふんどしをきりりと締め直しているイメージが何回も出てくるんです。

虐待を受けてきた私だから、発信できることがあるのかもしれない。

虐待は今もいろんな形でありますが、
本当に虐待を受けているときは、そういう見方はできないですね。

親を殺さない限り道がないと私も思ってきた。

でも、魂が何のために生まれてきたか。

「自作自演で自分で決めてきた脚本とキャスティングなんだ」とちょっとずつでもわかったときに、人はどういうふうに自分の人生を見るか。

抜け道はあるんじゃないかなという気がするんです。

# Ⅳ

# 五次元の扉を開く

3人合わせて369《みろく》です
カチッと開くよ
五次元地球のまるじゅうじ

## 目に見えない世界との架け橋

私が、見えない世界を探求しはじめた直接のきっかけは、ある日、母がパーキンソン病という難病にかかってしまったことでした。
うちの身内はみんな医者なのですが、
パーキンソン病という難病は今の西洋医学では治せないというので、
私が代替医療や、エネルギーを扱うヒーリング療法を探して、
それを体験して、母の治療に活かそうと思ったのがきっかけだったんです。
こうして私は自己探求やエネルギーの秘密を学ぶいろんなセミナーを受けるようになっていくのですが、そこで私の知らないいろんな世界があるんだとわかりました。

私は、小さいときからいろんなものを感じたりキャッチはしていたんですけど、
医者ばかりの家では、目に見えるものだけが価値あるものという世界観でした。

その中で、

「なんでこの家の人たちは目に見えるものばかり大切と言っているんだろう、目に見えないものがたくさんあるし、本当は見えないものが一番大切なのに」と、小さいときからずっと違和感を持っていたんです。

それも私が決めてきているわけです。

目に見えない世界を探求したいくせに、目に見えるものだけを認めるガチガチの家庭を選んでくるというのは、私の設定の仕方は完璧だなと思った。

それすらも自分で仕組んできているとわかったら、もう笑うしかないでしょう。

私はたぶんドM星から相当ネガティブな体験をしたくて来ているんだと思う。

自殺したいなと思っていたときにも、

「これが私の人生の終わりじゃないから」と、誰かと会話しているんですよ。

それが私を救ってくれたのかなという気がする。

「ここがあなたの最終地点じゃないから」と誰かが私にいつも言ってくれていました。

この体験から学んだ後に抜けるところがあることを教えてくれていたのかもしれま

せん。

それが何の存在だったのか、そのときは全然わからなかったのですが、今、わかったのです。

その声は未来の私でした。未来の私が「絶対抜けられるから生き抜いて」と励ましてくれていたのです。

## 宇宙の真実をひもとく旅

10年くらい前に見えない世界を探求しはじめたころ、私は海外から招かれているあるヒーラーさんの2日間のセミナーに参加しました。

その方は、後に私のメンターとなる神秘家のクレッグ・ジュンジュラス氏でした。

彼の授業初日に、生まれて初めて瞑想をしたときに、ビジョンを見たんです。

幽体離脱して、ピラミッドの上でクルクル回って飛んでいるような自分が見えて、

「なんでこんな映像が見えるんだろう、不思議だな」

と思っていました。

次に、クレッグが「僕の顔が今から変わるから見ていてね」と言うので見ていたら、クレッグの顔だけが、顔だけが毛むくじゃらの古代人の顔とか、いろんな顔に変わるんです。

私は「何なの、この人」と思った。私の目がおかしくなってると。

クレッグ・ジュンジュラス氏

そうしたら、次にイエス・キリストは見たこともないし、会ったこともないんですけど、いわゆる肖像画のイエス・キリストの美しい顔にパンと変わったので、

「えっ？　イエス・キリストって何故？」と思った。

「はい、終わり。じゃ、体験したことを今からシェアして」と言われて、
門下生の人たちが「はい」「はい」と手を挙げて、「変な毛むくじゃらの顔に見えました」とか、「サルみたいでした」とか、いろんなことを言いはじめた。

でも誰もイエスの話はしません。

「ほかに顔が見えた人」と言われたので恐る恐る手を挙げて、「私はイエス・キリストって会ったこともないし、わからないんですけど、イエス・キリストの顔に変わったのが見えたんです」と言ったら、「よくわかったね」と言って、クレッグの左腕にあったすごく美しい獅子のタトゥーを見せてくれた。

「これは僕がタトゥーを頼むときにすごく人を選んで、イエス・キリストの慈愛の目を獅子の目に彫り込んでほしいとお願いしたんだよ。僕は獅子座なんだ。君が見たのはこれかもしれないね」と言われて、「過去世は顔に出てくるんだ、すごいな」と思いました。

次の日の授業では、

「今から僕の体が透き通っていくから、見ていてね」と言われました。

彼は青いシャツを着ていたんですけど、どんどん体が透き通っていって、後ろの壁が見えちゃったんです。

そんな体験は初めてだったのですが、彼の体が徐々に消えていって、透き通って見えてくる。何なのこれ？

キツネにつままれたような2日間でした。

2日間のセミナーを終えて帰宅し、家の中に入ったとき、見慣れたはずの我家の家具やテレビ、テーブルとかが波動を放っていて、すべてのものが蜃気楼みたいに揺れていました。「物質は粒々の波なんだ」という世界を実際に見てしまったのです。

この出会いを機に、私はおよそ10年にわたりクレッグ・ジュンジュラス氏から学びを得ていきました。

こうして、私の人生は、壮大なる答え合わせに入っていきました。

私の心と意識、宇宙の真実をひもといていく旅が本格的に始まったのです。

クレッグは、心のゴミを取り除く大切さとその方法を私に教えてくれました。

さらに、人の心の痛みに共振共鳴したとき、そこに留まるのではなく、

人の心の痛みを感じたら、それを通過させて俯瞰《ふかん》して観ること。

誰かを助けるということは、その人に同情することではなく、

私自身が光の柱になり、しっかりと揺るがずにそこに立って、灯台になること。

その大切さを学んだのです。

## インスピレーションを行動に移す勇気

クレッグが授業で話してくれたお話は、どれも刺激的で示唆に富んでいました。

中でも、とびきり私の印象に残っているあるエピソードをご紹介しましょう。

ある日、クレッグは「もうここを引っ越すときです」というメッセージを受け取ったそうです。そこでクレッグは、部屋の床に大きな全米地図を広げました。

次に地図を背にして立つと、後ろに向かってポーンとペンを投げました。

そして、ペン先が指したその場所へ、すぐにお引越しをしたというのです。

この話を聞いて、当時の私は本当にビックリしました。


ここで大切なことは、インスピレーションが来たら、それをかき消さないということです。
宇宙はいつでもいろんな形で、私たち全員に情報を送っています。
ですが、私たちはその情報に気がついたとしても、
すぐに「今は無理」「私にはできない」とかき消してしまうのです。
宇宙からの情報をいくらキャッチしても、
行動に移さなければこの地上では現実化はできません。
だから、自分の直感を信じるという、自己信頼がカギを握ってくるのです。
ご自愛活動で自分自身を尊重していくと、
どんどん直感を採用して行動に移せるようになっていきます。
直感ですから、根拠はありません。
ですが、ご自愛活動を進めていけば、「根拠のない確信」が生まれていくのです。
ちなみに、クレッグが放ったペンは、地図のどこを指したと思いますか？
それは、セドナだったそうです。

## ３６０度視界が開ける体験

あるとき私は、クレッグのセドナの自宅を訪れました。
そのとき、私の身に不思議なことが起こったのです。
クレッグから、
「今から瞑想をやるから、一緒に僕の言うとおりにやってね」と言われ瞑想したら、
バッサバッサ飛んでいるイメージが出てきました。
そして「今どんな感じ？」と言われた瞬間に、
私の中でバンと音が響いて頭が真っ白になったのです。
次の瞬間、視界が３６０度開いている感覚がやってきました。
初めての体験でした。

その後、神社とかいろんなところに行った際に

何らかのポータルが開いているのでは⁉　と思える不思議な写真をよく撮るようになりました。エネルギー存在が現れることもよくあります。

この写真を撮るときには頭の中でバンと音がして、頭の中が真っ白になるイメージなのです。

すると、カメラの画面も真っ白になっちゃうんです。

このバンとなったときは不思議なんですが、
視界が頭の後ろ側まで見えている感覚になるんです。

本当には見えていないんですが、視界が360度開いているという感じです。

白く映った写真をスマホの画面上で2本の指で拡大しようとすると不思議な波が出現します。

一度この写真を量子物理学の先生に見ていただいた時に
「ゼロ磁場のポータルを開きに行っている」とおっしゃっていました。

「目に見えない世界は確かにあるんだよ」ということを証明するかのように、
次々と写真が撮れてしまうというのは、おもしろいです。

写真②　頭の中でバンとなると全体に白く写る

写真①　目に見えないエネルギー体が写ることがある

写真③　何かのポータルが開いているのか⁉

写真④
真っ白になった写真②をスマホの画面上で２本の指で拡大させるとポータルが開くような波が現われる。上の写真③は波が現れたところをスクリーンショットしたもの。
通常の写真は同じ動作をしても拡大されるだけで波は出現しない。

写真⑤　石碑

写真⑥
バンとなって真っ白になるとき
視界は360度見えているような
感覚になる

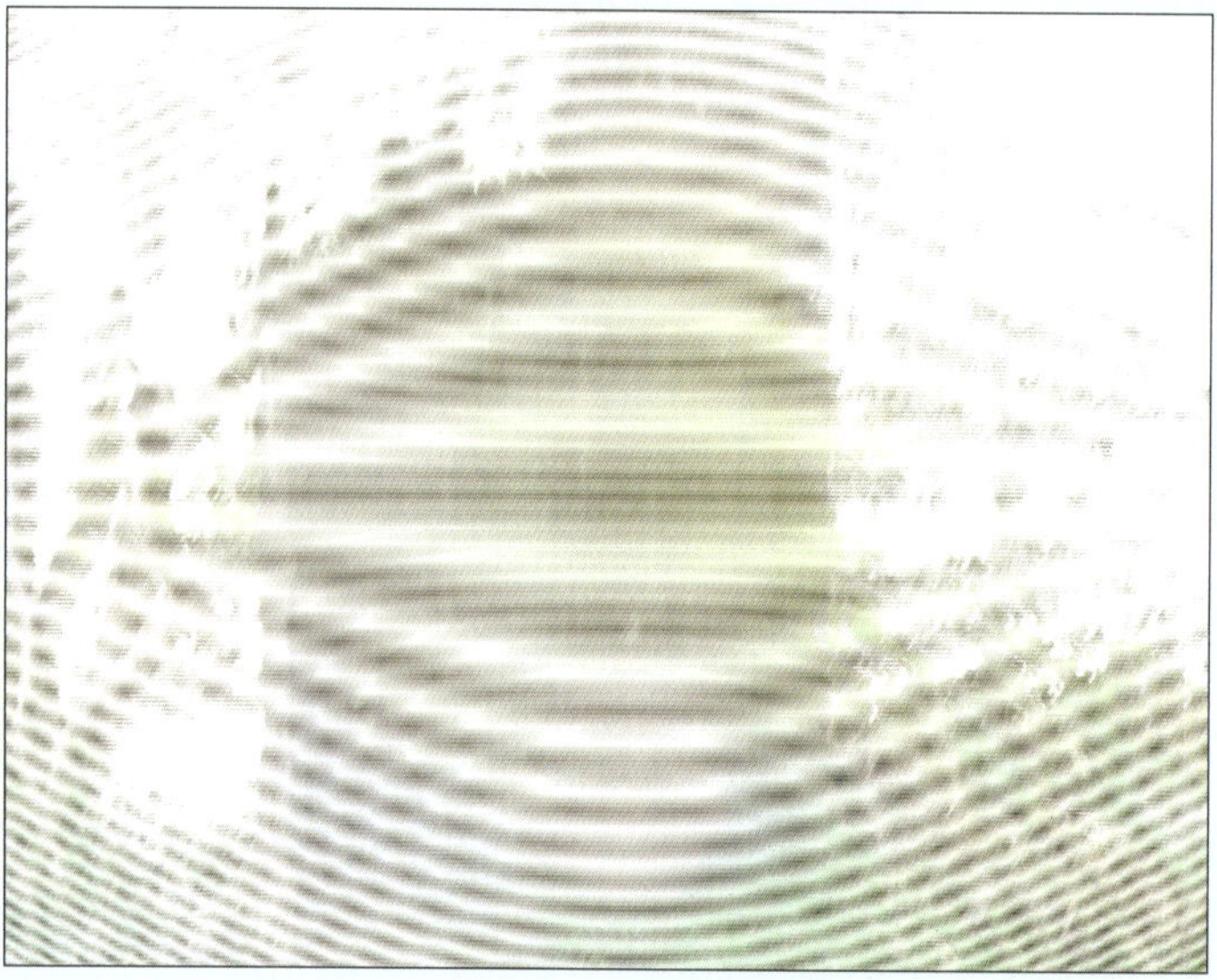

写真⑦　写真⑥を２本の指で拡大。波が出現したところをスクリーンショットしたもの。

## ヒーラーの罠

私は、ヒーラーとかヒプノセラピストとしてずっとやっていたときに、ある罠があると思ったんです。

当時は、口コミと紹介だけで、ずっとセッションの予約が入っていました。

ところがある日突然、

「もしかしたら、私がクライアントさんをつくり出しちゃっているのかもしれない」

と思ったんです。これは私だけの特殊なケースかもしれないですが、
私を必要としてくれる人が欲しいというエネルギーが強すぎると、
私を必要としてくれる人をネガティブなエネルギーからつくり出してしまう。

ヒーラーでありたいとか、誰かから称賛されたいと自分が思い続けていると、目の前に病気のクライアントを自分がつくり出してしまうという場合があるのです。

「ちょっと重たくなってきているかもしれないな」と思っていたときに、

突然「すべて手放せ」というメッセージが来て、「えっ?」と思った。

私は10年ぐらい学んできたことをツールとして仕事にしているのに、全て手放したら困ると思った。

おまけに、「すべて手放すことを、今みんなの前で誓え」と言われたんです。

そこには私の仲のいいお友達がいっぱいいて、ここで誓ったら後に引けないという場所だったんです。

でも、「今、言え」という感覚があったので、「今、すべて手放せと上から来たので、すべて手放してみます」と言って、手放しちゃったんです。


そのときの私は、捨ててしまえというメッセージだと思ったので、すごく怖かった。

でも手放すということは、全部捨てることではなくて、砂だんごみたいなものをギューッと握り締めていた手のひらを開いてみること。

風がヒューッと吹いたときに、砂だんごが崩れた。

サーッと落ちていくものは落ちていくし、残るものは残る。

残らないなら残らないで、それもいい。

執着を手放して何が残るのか、何が要って何が要らないのかをちょっとやってみたらというメッセージだったんだなと、後から気づいたんです。

それで、私はツールを持つのをやめました。
やめて何をやるのか決まっていることは何もなかったんですけど、
宇宙に委ねてみようと思って、そこで覚悟を決めた。
これも私が決めてきた筋書きだとしたら喜んで受け入れてみよう。
そう思った途端、
ケセラセラじゃないけど、「どうにかなるよ」という感じがしたのです。
私がケセラセラで、「困らないよね」という意識を持つことは、
地球の裏側に波動共鳴する。
私が「大丈夫だよね」と思ったら、地球の向こう側に大丈夫な人がつくり出されるのですから。

それが一番いいんじゃないかなと思いました。

様々な努力をして取得したツールにこだわらずに、
何も持たない執着の無いフラットな状態で力を抜いて委ねてみよう。
「すべて手放せ」という意味を、そのときの私は、そう理解しました。

この後、ご自愛活動をしていく3年間のうちに、私にさらなる理解が訪れました。
「すべてを手放せ」というのは、
もっともっと深いメッセージなんだと気づいたのです。

それは、一瞬一瞬、すべてを手放していくということ。
不安、恐れ、絶望、期待、欲望が
湧き上がってくる度に、私はそれをこねくりまわしていた。
そのことに毎瞬、毎瞬、
ハッと気づき手放す、手放す、手放す。

すべて手放すというのは何の保証も無いけど、

「自分がどうなるのか？」それすらも捨てて、

「自分自身を信じきるいうところに勇気を出して飛び込んでみる」

という事なんです。

**「自分を信じて、何が起きても自分は絶対大丈夫」**

**その中に入って行き、この地上を生きるということでした。**

私は今も忘れてしまうことがあったら、ハッと気がついて戻っていくのです。

## 病気が治るということ

人が真に「癒える」とはどういうことでしょうか。

「医者と患者」「ヒーラーとクライアント」というように、「癒す側」と「癒される側」を両者の意識がつくり出しているとしたら、どうでしょう。

例えば、能力者や医師に診てもらって自分の病気がなくなったことで、その先生に依存してしまったら、自分の中に「自分では治らない」というものを持ち続ける可能性があります。

本来自分で病気というものを持ってきたからには、自分で治せるわけです。でも、医療的な技術はないので、わかっている先生が一時期サポートに入ってやり方を教えてくれる。手助けしてもらうのはいいのです。

ですが、病気を治すのは自分です。

病気にアクセスするときに大事なのは、やっぱり思考の問題です。

「頭の中で何を考えているか」

「どういう方向にエネルギーを動かすか」ということがとても大事だと思うのです。

負のスパイラルに入ってしまうと、いくらいい治療に出会えても、そこから抜け出るのは難しいと思います。

普通の人は治る可能性のある病気を持ってきているのだとしたら、依存関係が始まると、すべて能力者がやってくれるとなって、悪い他力本願で、全部お願いねとなる。

でも、自分の思考は自分でしか決められないのです。

いくら能力者がゼロの状態に戻してくれても、家に帰ってまた生き霊飛ばしをはじめたり、「あいつのせいで」とか考えはじめたら病気は治らない。

「罪悪感で自分を責める」か、「あいつのせいでと人を責める」か、病気の原因のほとんどはこのどちらかに関係している場合が多いのです。


病気を敵として、闘おうと言っていたら病気は治らない。

病気は追い出すものでもないし、闘うものでもない。

なぜなら病気のおかげで自分の内側に気づくことが出来る。

病気が治った人は、病気はギフトだなということに気づいていると思うんです。


つまり「真に癒える」とは、病いが知らせてくれているメッセージに耳をかたむけ、本来の姿へと戻っていくことです。

そのサポートをする人は、その方が思い出そうとしている「愛そのものである本来の姿」を見つめる視点をもつ人です。

そして、相手を「愛として見る」ということは、自分自身を「愛そのもの」の存在として見ることとイコールです。

つまり、「真の癒しとは、両者に同時にもたらされるもの」と言えるのです。

## 自分のいるべき場所に完璧にいる

私がやりたいのはまさにこれです。
今すべてがあることに気がついて、
自分も、目に映る人も、すべての人が愛そのものなんだって気がついている。
それだけで十分。あとはケセラセラ。
死ぬときが来たら笑って死のうよという感じです。
それがいつ来るかわからない。
特に日本という国を選んで生まれてきているということは、地震も覚悟の上です。
地震が来るか何が来るかわからないけど、テレビをつければ、絶対来るとか言われています。過去、3・11のときには、そのために仕事をやめて引っ越すぐらい、ネガティブな情報に振り回された人たちがいた。

でも、今、日本人が一番しなくちゃいけないことは、

「自分はどこにいても大丈夫」

「自分が決めたところだから、どんな死に方をしても大丈夫」

自分が決めてきたことだからというところに帰っていくことです。

そのためにも、私はご自愛活動が一番大切だと思っています。

とっさのときにも、自分自身の直感をいかに信じきることができるか。

それは普段から自分の奥底の声を尊重して行動に移すことをしているかがカギを握っているからです。

自分が心地よくて、これは正しいなと思ったら、その情報は正しいと思うけど、大切なのは自分がモヤモヤしちゃったら「その情報は違う」というセンサーからの信号かなと思うことです。

どんな立派な地震の専門家が言ったとしても、自分が何か違うなと思ったら、それは誰かのための情報で、自分のためとは違うなという線引きをする。

その代わり、自分ができることは、
自分はいるべき場所にいつも完璧にいると知っていることです。
「いつも導かれるから大丈夫だし、完璧にここにすべてのものがある」と認識することが大事だと思います。

## 伝えたいことは今伝える

私は伝えたい言葉は今伝えておかないと、本当に後悔すると思っています。

だから、私はふっと思ったときには、親だろうが娘だろうが、
ケンカをしても「ごめんね」と言って、必ずそれを表現するようにしています。

恥ずかしいとか照れくさいとかよりも、今思ったことは今伝わるけど、後から頭で考えてきれいな文面にまとめたことは伝わらないと思っているんです。

今、思いはぐちゃぐちゃでも、「自分はこういうふうに思ったからこれを伝えたい」というエネルギーが伝わる。

それはどこか恥ずかしいことでもあるし、勇気も要るけど、全部エネルギーだという気がするのです。

きれいに整えられたものだけがいいわけではない。

拙《つたな》くて未完成なものに見えても、それだから伝わるものがあります。

ドM星人は日本語があまり上手ではないのかもしれない。（笑）

でも、心の中が伝わればいいなと思います。

**最終的には、愛のハートで波動共鳴できればいいのです。**

## 支離滅裂な私のままいこう

私は霊能者に本を書けと言われてから、もう10年近くたっています。

こんな私に無理、無理と言い続けていた。

この本の話をいただいたとき、

「あなたは一体いつ完璧になるの、何年何月何日に完璧なあなたになれるの」と思った。「無理だよね、たぶん私はこのまま死んでいくから、いつまでたっても完璧な私はいない。このままでいいのだったら出るし、ダメだったら出ない」

宇宙は完璧だから、宇宙に委ねようと思いました。

こんな私でも、誰かのために、何かの役に立てるんだとしたら喜んで役に立つ。

でも、今の私は

「きちんとご自愛をした上で、誰かの役に立ちたい」といつも思っているので、自分の枯渇したものを誰かに投影したり、

誰かを自分のために引き寄せたりとか、そういうことはしない。

ここからどう進んでいくかも宇宙におまかせしています。

私は、他力本願が大好きです。

他力本願は一番いいと思います。

人には得意分野があって、不得意な人が一生懸命やろうと思っても、それは伝わらないし、また違った形になって、ネガティブなものがいっぱい付随しちゃうと思うのです。

この本も、文章が下手なのに書かなきゃいけないと思い悩まずに、今はそんな時代ではないと思うので、全部他力本願でケセラセラでやらせてもらっています。

相手を信頼できるというのは、

やっと自分自身を信頼できるようになったんだということです。

宇宙は完璧なのだから、こんな支離滅裂な私のままでいこうと思っています。

## 閉店ガラガラ〜ピシャッ

目の前に来るのは、ダミーとして演じてくれているという人と、

実はもう1パターンあるのです。

私はいつもみんなに、自分のセンサーはちゃんとあるから、自分の心地いいところに行けばいいと言います。

私は、心地よくない言葉、イヤなこと、怖いことを言われたら、音としては聞こえているのですが、

「それはあなたの意見ですよね、私の意見ではない」と、心の中で言って、「閉店ガラガラ～ピシャッ」と白いシャッターを閉めます。

イメージがぴったりなのでお笑い芸人の岡田圭右さんの「閉店ガラガラ」を取り入れさせていただきました。みんな結構イメージしやすいのです。

最後に下まで「ピシャッ」と音を立てて閉めるのが世生子流です。

そうでないと、全部取り込んでしまう。

センサーは1人1人違うから、誰かのセンサーと私のセンサーは同じではありません。だから、もしあなたがイヤだな、何か違うかなと思ったら、そのセンサーは正しく機能していると思います。

だからといって、教えに来てくれた人に罪があるわけではありません。

私の中心軸に入るために、

「あなたはこれ以上入ってこないでくださいね」という意味での

「閉店ガラガラ、ピシャッ」です。

みんな私のために現れてくれている人だから、1人としてムダな人はいないわけです。それを考えるとありがたいと思います。

ですが、境界線を引くこともまた大切です。

そして罪悪感を抱く必要はありません。


この「閉店ガラガラ〜」をさらに発展させた世生子オリジナルのイメージワークがあります。

私もそうですが、エネルギーに敏感な方は、自分のフィールドを心地よく整えると、とても楽になりますよ。

では、いつでもどこでもあっという間に至福ワールドに行ける「私の天国の作り方」をお教えしましょう。

【イメージワーク】

**私だけのエネルギーオアシスを創る**

心の中で閉店ガラガラ～
（明るく楽しく笑いながら軽い波動でシャッターは閉めます）
白いシャッターを上から下まで閉めて、
最後はピシャッて完全に閉めます。

四方八方を全て白いシャッターを下まで閉めると
白いシャッターに囲まれた部屋の中に1人になります。
さぁ、ここからリラックスしてゆっくり深～い深呼吸をします。

深～く深呼吸する度に

白いシャッターで囲まれた１人の空間が広がります。
風船をゆっくり膨らますみたいに
１人の空間がどんどんどんどん広がって
広々した空間が自分の周りに３６０度広がっています。
白いシャッターはもう遥か彼方なのか見ることもできません。

さぁ、ここからがあなただけの居心地の良い空間作りですよ～
あなたの好きな設定を自由にイメージしていってください。

例えば、大きな木々に囲まれ
小川のせせらぎや小鳥のさえずりが聞こえてきます。
美しい花々が咲き乱れ、とても良い香りがしています。
とても気持ちの良い風がそよそよと吹いて、
私はとても穏やかで平和で幸せな場所にいます。

五感で感じていってください。

なにが見えていますか?
なにが聴こえてきますか?
体の感じはどんな感じでしょうか?
今ここで、じっくり体で感じていってください。

ほら、なんて気持ちがいいんだろう。
もしかしたら天国かしら?
もう、私がときめく大好きな物だけの居心地の良い空間の中にいます。
心ゆくまで、ゆったりリラックスして味わってください。

## 宇宙は完璧、すべてマルと決める

うつのときは、ポジティブな問答ではなくて、「だってそうだよね。あのときもそうだったじゃん」という悪魔のささやきというのかな、「忘れちゃいけないよ。あの人は信じられない人だよ。あんなひどいこともあなたにしたでしょう。だから、あの人を信じちゃいけないよ」と、未来に投影しちゃいけないような情報をガンガン集めてきていました。

でも、今は「ちょっと待って。その悪魔のささやきはどこから来ているの。宇宙は完璧なはずだから、これが悪いことにつながっているはずがないじゃない」と思っています。

**どんなことが起ころうと、いい方向にしか向かっていかない。**
**どの人も、幸せな方向にしか向かっていないのです。**

自分の中で、「ちょっと待って。ネガティブなほうに走っていく自分はどうなの。宇宙は完璧でしょう」と、もう1人の自分が言う。

宇宙は完璧と思うと、本当に楽になれる気がします。

でも、私たちはそこの1ページだけを見て、「これは悪いことだ」とか「悪いほうにつながっている」と思ってしまう。1ページ、1ページを見たらネガティブなことかもしれないけれども、物語の最後には、「あれはよかったね」と言って終わるのではないかと思う。私の中では、全てマル、全て完璧と決めています。

就職が決まらないとか、大学に入れていないとかで、「自分の未来はない」と思っちゃうかもしれないけど、とりあえずきょうは何も困らずに終わった。住むところもあって、ごはんも食べられて、寝るところもあった。大体蛇口をひねればお湯が出てくるなんて、奇跡のようなことです。

何人の人が私のこのお湯のために働いて、おカネをかけてくれているんだろう。
それは一人でできますか、ありえないでしょうと思ったら、泣けてきます。
宇宙が完璧に私をサポートしてくれている中にシュッと入れば、
何も困ったことはない。
宇宙から愛されているから、今ここでお湯がもらえているんでしょうと思ったら、
それだけで十分です。

実はこの視点から生まれる感謝の波動で全身をうめつくすことが、
さらなる願望実現をクリエイトする秘訣なのです。
次の章では豊かさのエネルギーを手にする方法をお伝えしていきましょう。

# V

# 美しきクリスタル人へ

サナギから
出てきていいよ
羽もある

## 周波数が次の瞬間を連れてくる

あなたは今、何を考えていましたか？

実は自分が今発しているエネルギーが、次の瞬間のことを連れてくるのです。

だから、自分の周波数と違うものは出てきません。

例えばNHKを見たかったら、NHKに合わせない限り、NHKの番組は出てきません。それと同じで、今放った周波数が次の出来事を連れてくる。

**今自分が至福の状態でいることが、未来にすばらしいエネルギーを連れてくることができるただ唯一の方法です。**

未来のことを思い悩むことは全くムダどころか、マイナスのエネルギーです。

親に「年金はいつまで出るかわからないんだから、今のうちにためておかなくちゃダメなのよ。ムダな買い物をしちゃいけないのよ」と言われて育ってきたとします。

でも、今ここで自分の波動を上げることに費やしたエネルギーは、次のことを連れてきます。

## やり方は宇宙に委ねる

例えば「今自分はこういうところに住みたい」と思ってエネルギーを発したときに、宇宙はジャッジしないわけです。

でも、どういうやり方でと決めてしまうと、宇宙が「用意しているのはそのやり方じゃないんだよ」となったら、かないません。

例えば、「宝くじにでも当たらない限り、自分の給料では理想の家には住めない」と思って、宝くじを買います。

ところが宇宙では「宝くじじゃないんだよな、この夢をかなえてあげようと思っているのに、あなたは宝くじと設定しちゃっているんだよね、じゃ無理だよね」ということになってしまうのです。

だから、やり方は宇宙に委ねる。

委ねながらも、やりたい夢は自分で行動していくということです。

**願ったら、あとは宇宙のやり方でと願うのが、一番かないやすいのです。**

## 損をとる覚悟を決める

損をするときには損をするのです。

どっちが得で、どっちが損かということを考え始めたら、ずっと悩まされますよ。

こっちのセミナーに行ったら得なのか、あっちのセミナーに行ったら得なのか。(笑)

私はよくやったのです。

ブログをずっと読んで、その人を調べて、ここに行って私に何か得なことはあるのかと迷って、結局、どこも行かれなくなっちゃうのです。

自分が行きたいと思ったらそれを信じて、行ってみる。

行きたくないと思ったら、どんなに有名な先生でも行かないというのが大事なことであって、損か得かでなくて、行きたいか行きたくないかだけなのです。
仕事の依頼も、料金とかで決めるよりも自分の心で決めて下さい。
行きたいか行きたくないか、やりたいかやりたくないか。

**究極は、損をとるという覚悟を決めることです。**

損をとると決めたら、そこから下はないのです。
一度損をとってもいいやと思ったら、そこから下はないので気持ちが楽になる。
もう損をとったのだから、そこより下はないから迷うことはない。
得を考えたら切りがないわけです。
「損してもいっかぁー」とつぶやいてみると急に力が抜けてラクになります。
**実は損をとると決めた人は必ず損はしないという宇宙のカラクリがあるのです。**
損をとった人には入ってくるということなのです。
なぜでしょうか。
損か得かで選択しているとき、それは損得勘定のある世界とつながる周波数です。

これは「取った、取られた」の二元性の世界です。

でも、喜びや「なんとなくここ」といった自分の内側からのサインを大切にして、「もしかハズレでもいいいか」と結果への報着を手放すと、エネルギーは拡大してより高く精妙になっているからです。


それと同じで、何かをやると決めたら、決めたことに対してのおカネは必ず回ってきます。

でも、「おカネが入ってきたらやるよ」ということだと、いつまでたっても入ってきません。それは試されているからです。

自分がやると決めない限りおカネは入ってこないし、いい仕事もないし、いい出会いもない。

宇宙は、いいか悪いかというジャッジは全くしないです。

やりたいかやりたくないか。

だからこそ、**常に自分が何を考えているかということをチェックしないといけない。**

自分がネガティブなことを考えて、

「おカネに困るんじゃないか」「また年金が減る」とか、「消費税が高くなりますよ」というニュースを見て、「来年、どうやって生きていけばいいんだろう、パートを増やさないとダメかなあ」と思った途端にブッブー（×）です（笑）

今ここに全部あるわけで、今しかないのだとしたら、**あしたのことはこのエネルギーが連れてくるわけです。**

でも、いろんな情報に惑わされて、ドヨーンとして、「どうしよう、年金じゃ食べていけなくなるかもしれない」とか、「求人広告を見に行かなきゃ」と思ったら、自分が本当にやりたいエネルギーで自分を埋めていないわけです。

## 今考えていること、それでいいんですか？

私が、この3年間、ご自愛活動でひたすらやってきたのは、
**「自分が今、心地がいいことだけを考えて、心地が悪い考え方は全部排除する」**
ということです。
「今ここ」しかないのに、ここにない未来を心配して、
今を全部どんよりしたネガティブなエネルギーで埋めてしまう。
このどんよりエネルギーが次のことを連れてくるという法則があるとしたら、
今考えていること、それでいいんですか。
**ファイナルアンサーですよ。今あなたの考えていることが本当にかなってしまう。**
「10年後、定年になって職業に困っている自分」を考えているとしたら、
宇宙は、それをあなたが望んでいるかいないかということはわからないので、
「はい、かなえてあげましょう」ということになるわけです。

**同じ考えるのだったら、自分を信じて、いつも自分のなりたい未来を中心軸にして考えることにエネルギーを注いだほうがいいと思いませんか。**
だって、未来はないのだから、今心地いいエネルギーを通すことが「未来」と言わ

れているものをつくるのだとしたら、**今居心地のいいエネルギーを通す。**

「誰かが何かをした」といって生き霊を飛ばすのでもなく。

「誰かに何かをされた」といって乗っ取られるのでもなく。

自分が今なりたい自分、「なりたいな、やりたいな」と妄想したらニヤニヤしてしまいそうなことを思い描く。

あとは、過去だと思われているところに、いい思い出というものもあります。

いろんないいことをしてもらったとか、ありがたい思いをしたとか、
そういうことを思い出すのは、過去にエネルギーを乗っ取られるということではなくて、**過去のいいデータを今に持ってくることなのです。**

## 自分の中の容量は常にあけておく

ヒプノセラピストとして見ると、一人に500回ぐらいの過去世があるわけです。

これが自分自身が今「ゼロの状態」に近づけば近づくほど、過去世からデータをも

らえるようになってくるのです。

自分のエネルギーがものすごくきれいに流れてくると、宇宙からのサポートも入るし、過去世と言われている人たちのデータが全部ダウンロードできるようになってくるのです。

そうすると、自分に文章の才能がなくても、あるとき突然、文章を書く才能を持った過去世がサポートとして入ったら、瞬時に何かいいアイデアが湧いてきて文章が書けるようになったり、そういうことが起こりはじめるのです。

私たちは、過去世というものを共有しているわけです。

誰かがすばらしい過去世を持っていたり、マザー・テレサの過去世を持っていたら、うらやましいなと思ったりしますが、実はみんな同じ過去世を共有しているので、いただきたければ、ダウンロードすることができるのです。

でも、自分のエネルギーがあまりにも乗っ取られていたり、ドヨーンとしたエネルギーだと、ダウンロードする容量が全然残っていない。ケータイと同じです。

どこかからダウンロードするときに、容量を超えていると写真も撮れない、アクセ

スもできないので、

**自分の中の携帯電話の容量はいつも空っぽにしておいて、いいデータがあったときにはダウンロードできるようにしておくことがとても大事です。**

そういうことを踏まえて、「居心地いい仕事が見つかるといいな」と思ったら、そっちの方向に妄想を膨らませることはとてもいいことですけれども、「仕事がなくなったら困るな」とか、「あした病気になったら食べていかれなくなるな」ということにエネルギーを注ぐのは、百害あって一利なし。

自分が今回思い描いた望みに対して思いをはせていただきたいのです。

## 自分が自分の最大の味方になる

自分を満たすとは、どういうことでしょう。それは、

**「今自分は困っていない」**

**ということをいかに瞬間瞬間思い出し続けていくかというチャレンジでもあります。**

飲み物もあって、食べ物もある。何も困っていません。

家に帰って蛇口をひねればお湯が出て、暖かい住まいがあるということのほうにエネルギーを置いていただいて、「今ここにすべてある」という中に一度入っていただいた上で、どうなりたいかというものにアクセスしてほしいのです。

**そうすると、「今ここにすべてある」というエネルギーが最初にあるので、その周波数領域にアクセスできるわけです。**

でも、「私には何もない」というエネルギーで、未来になりたい自分を思い描いても、それは周波数が違ってしまうので、かなわないということです。

**ですから最初に、**
**「今ここにすべてある。恵まれているんだ、ありがたいな」**
**という状態から、自分の願望実現につなげていってください。**

そのときには周波数はカチッと合うようになっているので、何も心配しなくても、必ずすばらしいことが起こるようになっていくと思います。
その鍵は「今ここ」にあるのだと思って、
未来のことを心配することもなく、過去のデータを投影することもなく、
今ここにある幸せを自分に許可してあげるということです。
「人を優先しないで、自分を最優先するなんて極悪人のすることでしょう」という人もいるかもしれません。ですが、ここが、大事なポイントです。

**誰かを救うことなんて誰にもできない。**
**自分で自分を救うことしかできません。**

自分を満たしていない人が誰かを満たすことはできません。
先ず、自分が幸せに満たされてください。
自分自身が自分の最大の味方になったとき、
宇宙のすべてが自分の味方となって動きはじめるのです。

私のセミナーにいらしてくださったら、ヒントになることはいくらでも情報として持ち帰っていただくことはできます。

でも、どんなに情報を仕入れても、その方が変化することを許可しない限り、真の変容は起こらないのです。

## 百発百中のありがとうの先送り

私は「ありがとうの先送り」という実験をずっとしています。

今のところ、これは百発百中です。

例えばあした、職場でイヤな人と仕事だなと思ったときに、先に「ありがとう、ありがとう」と送ってしまうのです。

そうすると、必ずパラレルワールドで違う次元の相手になっていて、「なんであんなに意地悪だった人がこんなにいい人になっているの」ということになります。

パラレルワールドは自分次第なのです。
自分を「ありがとう」で包み込むことによって、自分と出会う人も変わっていく。
だまされたと思ってこれをやってみると、楽しいし、すごく楽ちんになるので、
このワークもちょっとやってみてください。

## 「棚ぼた」のデータをいただく

誰かが大成功したとき、誰かが大儲けしたとき、
あなたはどんな気持ちになりますか？
ずるいことをしてうまくやった人の話を聞くと、チッ！　と思いませんか。
私は、「あの人、あんなに汚いことをやってあんなにおカネを稼いでずるいよね」
チッ！　と思ってしまっていました。
思った途端に、いけない、いけないと思って、生き霊を飛ばすのをやめる。
じゃ、どういうふうに思ったらいいのか。

そういう**運のいい人、成功している人を見たら、未来の自分が予告されていると思ってください。**

ずるいことをやっておカネを稼ぐということではありませんよ。

楽して棚からぼた餅《もち》をもらっている人を批判していたら、いつまでたっても自分には棚からぼた餅は来ません。

**棚からぼた餅の人を見たら、「次は私に来るのね」と一緒に喜ぶ。**

**だって、ダミーなわけですから、見せてくれているわけです。**

「あの人、ずるいよね。許せない」というエネルギーを送るのも1つの方法ですが、「おめでとう。次は私ね。ありがとう」と言っちゃったら、次は自分に入ってくるわけです。私はこれをずっとやり続けています。

幸せそうな人がいて、棚ぼたであればあるほど、楽して受け取っていいんでしょうということになる。苦労して受け取る人はいっぱいいますけれども、棚からぼた餅が一番いい。

仕事でも何でも苦労してやりたいですか。

ある日突然1000万円振り込まれていた！　みたいなほうがいい。

「振り込め詐欺」でなくて「振り込まれ詐欺」がいい。

私は「振り込まれ詐欺」に会いたいといつも思っているんです。気がついてみたら、口座の金額が増えていたなんて、最高じゃないですか。

## 宇宙貯金が増える方法

おカネの問題です。

量子物理学の先生がおっしゃっているのですけれども、見えている世界は5％、見えない世界は95％。

この割合だけでもびっくりします。私たちは逆だと思っていませんか。

95％が見える世界で、見えない世界は5％ぐらいかなと思っているんですけれども、ここが全然違うのです。

フィジカルとメタフィジカル、目に見えているものと目に見えない世界がありまして、私たちは目に見えているおカネだけがおカネだと思っています。

例えば、私がコーヒーを飲みたいと思って、
ファストフードで１００円のコーヒーを飲むとします。出費は１００円です。

きょうはホテルのラウンジで優雅にお茶を飲みたいと思ったら、
１５００円とか２０００円とかします。

どっちをとるかとなったときに、私はご自愛活動でホテルのラウンジでよいサービスを受けて、そこでコーヒーを飲みたいと思う。

でも大抵は、来月の家賃も払わなくちゃいけないし、今月、使いすぎたから１００円コーヒーにしよう思ってしまいます。

人間はこれを毎日積み重ねています。

自分がどうしたいかではなくて、あしたのこと、未来のことを心配して、自分のお財布の中から出すおカネを決めているわけです。

ところが、これが大きな間違いで、
自分の**メタフィジカル貯金（＝宇宙貯金）**というものがありまして、

**自分が喜ぶことをしてあげると、**
**喜びのエネルギーが宇宙貯金の金額となってガガガッと上がっていくのです。**
**この目に見えない貯蓄を今という瞬間にやり続けていくと、**
**宇宙貯金が満期になって現実の貯金に回ってくるというのが宇宙のカラクリです。**

ところが、地球人はそれを知らないという設定で育ってしまうので、目に見えるおカネ、目に見える貯蓄、目に見えるお財布の中身だけで、「老後が困る」とか、「将来が困る」とか、「年金がなくなるかもしれないから」といって、今行きたい旅行を我慢する。

この旅行を我慢したから、「年金で生活するときに少しは楽ができるんじゃないか」とか、「来月の家賃に回せるんじゃないか」と思うわけです。

現実のおカネが全てだと思って、枯渇してスカスカになってしまうのは、**自分を全然喜ばせてあげていないからです。**

100円はダメで2000円のコーヒーはいい、と言っているのではありません。

## 「私って女王なんじゃないの」という感覚に浸る

同じ100円コーヒーを飲むにしても、
未来のことを心配したり、過去のあいつが悪いんだとか思っていると、
全然いいエネルギーの100円コーヒーにならないのです。
100円のコーヒーをいただくためには、どういうことが起きているのかということを、まず考えてほしい。
だって、ファストフードの会社をつくるのにいくらぐらい投資されていると思いますか。また、従業員とかアルバイトの人は自給1000円ぐらいで働いてくれているのかな。誰かがシフトを組んで、コーヒー豆からコーヒーを用意してくれて、紙コップをつくってくれている人がいて、お水を運んできてくれている人がいる。
私は100円のコーヒーを飲むために、会社を設立しているわけではないのです。
私はファストフード会社を経営しているわけではないのに、従業員を使って、その

人たちが淹れてくれるコーヒーをたった100円で飲むことができる。
それを理解して、感じていきながら、
「私って、この地球の女王なんじゃないの」という感覚に浸るわけです。
傲慢な意味じゃないですよ。
なんてありがたいんだろうというエネルギーです。
そうやって五感で今いただいているコーヒーを味わいきる。
実際感じた感謝のエネルギーを金額換算したら、その価値はグッと上がりますね。
このとき生じた100円（支払った現金）との差額が宇宙口座へと入金されます。

例えば、きょう洋服が欲しいな、これがすてきだなと思って2万円の洋服を買う。
そこでの出費は2万円です。
それを着て、パーティに行きました。
そうしたら、女の人がうじゃうじゃ集まってきてくれて、
「よく似合いますね。いつもの格好よりも素敵ですね」と言われたら、
「嬉しい。3万円ぐらい出してもよかったかな」という気になります。

はい、ここで1万円の差額が発生しました。

この1万円がメタフィジカル貯金という目に見えない貯金額として加算されているということを、地球人は知らされていないんです。

目に見えている2万円が出ていったところばかりにフォーカスしているので、出費したという認識でしかない。

ですが、世生子流に言うと、この出来事は「2万円の出費」ではなくて、「1万円の貯金」ということになります。

## 宇宙貯金の通帳を作る

世間では、出費を記入する家計簿をつけますが、本当に宇宙からおカネの流れをいただきたいなら、世生子がオススメするやり方は、宇宙銀行の通帳記入です。

目に見えない宇宙貯金額を、実際に通帳に記入していくと、
より意識が喜びの波動にフォーカスするので、とてもオススメなんです。

宇宙貯金通帳には
自分が体験した幸せな事、楽しい事だけに値段をつけて書きとめて、
入金して行きます。
プラスだけですよー。小さなことでいいんです。
嬉しい、楽しい、大好き、ということを金額換算した数字だけ記入します。

自分がときめく大好きなことだけにフォーカスして、
「いつも私にはこんなに幸せが在るんだ」と意識してカウントしているうちに
世界が変わってきます。

みなさん、楽しんでやってみてください。貯めてくださいね。
現実の通帳がどう変化するかは、やってみてのお楽しみです。

# おカネは会話する

みなさんびっくりするんですけれども、
おカネは会話できるんです。
支払いのときに、チッ！　と思って払っている人はいませんか。
買い物をしてゴキゲンで帰った日に、ポストをのぞいたら請求書が来ていたとか、買いたいものを我慢していたら、何かアクシデントがあって急に病院に行かなくちゃいけなくなって、治療費を取られたとか、おカネのことでチッ！　と思う瞬間はすごく多いと思うのです。

私はよくタクシーミッションというのをやっています。
自分の制限を超えるために、歩いて帰れるんだけれども、ヘトヘトに疲れてタクシーに乗りたいなというときにタクシーで帰るんです。

例えば2000円かかったとします。

2000円というおカネは、タクシーに乗っただけで一瞬にして消えてしまいます。モノとしては何も残らないわけです。

お財布から2000円出ていくときに、「ああ、これでランチ食べれたかも」とか、「これ、ためておけばよかったかも」と思う瞬間があると思うのですけれども、おカネはそのエネルギーを全部キャッチしているのです。

だから、私が払ったおカネが流れていくときに、世生子さんは「チッ！　2000円が出ていったよ」と言っておカネを送り出したというのを**おカネは全部聞いている**わけです。

おカネはどこかほかのお財布に行きます。そのときに、「君どこから来たの？　誰の財布から来たの？」って
お金同志の会話が始まります。

「知ってる？　世生子のところに行くと、チッ！　とすごくイヤな感じで送り出されたんだよね」と言う。すると、

「世生子のところへ行くとチッ！　と言われるらしいよ」とほかのおカネに伝わる。

人間でもそうじゃないですか。

感謝して送り出してくれればいいのに、チッ！　と言われて送り出されたその人のところに帰りたいと思いますか。

おカネはただのエネルギーだから、何も悪いことをしていないわけです。

なのにチッ！　と送り出されたら、
おカネも大事にしてくれる人のところに行きたいと思うのです。


タクシーに2000円払って何も残らないかと思ったら大間違い。

私はこんなに体が楽ちんで、ありがとう。

私はタクシーに乗っている間も、ケータイを見たりして、せっかくタクシーに乗っていることを忘れるようなことは絶対しません。窓から外を見ながら、

「私がこのタクシー会社を経営して、運転手さんを雇っているわけではないのに、乗せてくれて2000円でいいの？」

「私はクルマを持ってないけど、2000円でこんなに楽しんで、楽して家に帰れるなんてめちゃくちゃ至福だわ」という今のエネルギーに入るようにするんです。

そして、2000円お支払いするときにも、

「タクシーの運転手さんはもしかしたら明日のランチはコンビニのおにぎりにしようと思っていたかもしれないけど、私が払うこの2000円で明日は焼き肉ランチに行くかもしれない」と思ったら、私が運転手さんに焼き肉ランチをごちそうしているのと同じじゃないですか。ずうずうしいけど(笑)

ちょっとわくわくして、私のおカネでこの人がちょっとでも幸せになってくれたらいいなと思って、「この人を幸せにしてきてね」と言っておカネを送り出すのです。


そうすると、覚えていますか？　お金は会話をするのです。

「世生子のところから来たんだけど、世生子さんはこの人を幸せにしてあげてねと言って送り出してくれたんだよ」

「その世生子さんはどこに住んでるの？」「世生子さんの財布に行きたいねぇー」

ということで、回り回って世生子のところにおカネがやってくる。


私は、人に親切にしたときに、その人から返してもらうよりも、

もっと楽しい遊びをします。
その人から返してもらっても、行ったり来たりでおもしろくも何ともない。
自分がその人にしてあげたことが、いろんな人を幸せにしてくれて、
回り回って自分のところに返ってきたら、
一粒万倍《いちりゅうまんばい》みたいですてきなことだなと思っているのです。
**同じ周波数のエネルギーが引き寄せ合うという法則があるので、**
**「おカネを送り出すとき、自分はどういう気持ちでおカネを送り出しているか」**
ということを、みなさんに見直していただきたいのです。

## 「ゼロの状態」から行う願望実現

何かの請求書が来たということは、電気代にしても、水道代にしても、それに対して使わせていただいているわけです。

どれだけの人たちが働いてくださっているか。

その尽力で自分が蛇口をひねればお湯が出る。当たり前ではありません。

そうなると、自分には今、すべてがあることがわかってくるのです。

**私は何て恵まれているんだろう、何て幸せな環境にいるんだろうと思ったときが、自分の中心軸にいるということなのです。**

**今ここにすべてがあって、私はここにいるんだという思いになったときに、エネルギーが「ゼロの状態」にどんどん近づいていく。**

**私の意識が「今すべてがあるよね」となったとき、願望実現があるわけです。**


だから私は、中心軸に入り、自分がゼロの状態になることを今も毎瞬毎瞬、思い出すようにしています。

意識は、一瞬で変えられます。

「自分が何のためにここに生まれてきたか」ということを思い出していただきたいのです。

それはなにもヒプノセラピーで深く深く潜っていかなければ出来ないということではありません。ヒプノは、私みたいにトラウマを見ていくところでは効果があるし、有効な方法の一つです。

でも、今というところにすべての時間軸があるということは、誰もがいつでもそことアクセスできるし、過去を書きかえることも一瞬できるということです。

「過去を書き換えるなんてできないんだよ」と教え込まれて、刷り込まれていることを一回忘れていただきたいのです。

すべては今にあるので、未来はこうなりたいなと思ったことも、過去のこのトラウマを何とかしたいということも、今自分の気持ちが変わって、見方が平面から立体的になったら変わります。

## 本当の「許す」という意味

私はあの虐待があったからこそ今こうやって気づいたことをシェアさせていただいている。

虐待を平面で見たら、私は被害者のままです。そこを超えていくと

**すべては愛でしかなかったとわかり、本当の意味で許すことができました。**

**「許す」とは、それがあったけれども水に流してなかったことにするという三次元的な意味ではなくて、そもそも被害者も加害者もいなかったという五次元の視点で相手の魂を見られるようになるということです。**

## 一人で行くと決める

あの世に行くときには、たった一人で行くのです。

家族も一緒ではありません。どんなに仲のいいご夫婦も、悪いけど別々です。

それに気がついたら、一人で行くことをまず決めなければいけないのです。

今回は地球に生まれてきた以上、一人で次元上昇していくのです。

家族はどうするのか。

家族はダミーですから心配要りません。

あなたが上昇すれば、家族も上昇します。
自分がどうしたいのか、自分が何をしたいのかというところだけにフォーカスしていくと、必然的に自分で自分を満たすエネルギーにいつも守られているので、いい周波数しか出ません。

**クレクレ星人と離れたいと思ったら、自分しか自分を満たせないんだという一番大事なことと、自分は何が起きても大丈夫なんだという根拠のない大前提を、自分で決めるしかないのです。**

## 弥勒の世を生きる

５次元の地球、弥勒の世とよく言われていますけれども、これはどこか遠くにあるわけではありません。

天国は今ここにしかないのです。
天国はいつか行くところではなくて「今ここ」に存在しているので、
「今ここ」で自分を変えない限り、天国にはいつまでたっても行かれません。
今自分の生き方を変えて、自分で自分を満たす。
自分がこの地球で世生子として生きる、やり切るんだということを決めない限り、
いつも誰かに乗っ取られてしまっている世生子のままです。
それでは死ぬときに後悔します。
あのとき、なんでもっと自分らしく生きなかったのだろう、と。
あなたは、思い残すことを抱えたまま死を迎えたいですか？
自分にウソをついて、会社のためにとか、家族のためにとか、誰かのためにという
美徳を優先していませんか。
**自分のやりたいことは、今しかできないんですよ。**
これが人生の最後の瞬間かもと思ったら、
ダイエットなんかやっている場合ではないんです。
ご遺体になったら燃やされちゃうのだから、

自分の食べたいものを、食べたいときに食べる。（笑）

## 未来の自分からのサポート

例えば、直感で何かのことが気になった。

「あっ、このセミナーいいな。この本いいな」

それは、未来にその関連することがかなうから心が向いているわけです。

もっと言わせていただければ、未来の自分は今ここにあるので、だから過去の私にメッセージを送ってくれた。

未来のかなっている自分がわくわくする周波数で、今ここにあなたを導いてくれたのです。過去と未来は同じ時間軸にあって、未来のあなたが今のあなたをこのパラレルの時空に呼んできてくれたとも言えますよね。

ということは、何も心配することなんかないわけです。

未来の自分とつながる。未来の自分がいつもサポートしてくれる。

「こっちにおいで。あっちに行くと答えがあるよ」と教えてくれるということは、

**どこかで情報を探さなくても、自分が開いたところには必ず自分の求めている情報があると設定することなのです。**

**自分はいつも何も困らないという設定も、とても大事です。**

自分が大丈夫だと決めていないと、どこに行っても振り回されます。

これが本当なのか、あれが本当なのか、どこに入ったら自分の知りたい情報があるのか。そうではないのです。

「自分は絶対大丈夫、自分が知りたい情報は、どんな手段を使ってでも必ず自分のところにやってくる」と、決めているかどうかなのです。

そして、「じゃ、いつもと違う道を通ってみる」とか、「いつも右足から履く靴下をきょうは左足からはいてみよう」とか、

何でもいいのでいつもと違う新しい事をして新しい自分を楽しんでみてください。

自分で何かを変えない限り何も変わりません。

「いつもの自分から生まれ変わりたい」と思っていても、同じことを信じて、同じことを繰り返していたら、同じ場所をずっとグルグル回っているだけです。


私たちがやらなければいけないのは、らせん状に上がっていくことです。

同じ地点を通過するんだけれども、階層が少しずつ変わってくる。

それが5次元に行くということです。

同じところを見るんだけど、迷路がどんどん視界の下のほうになってきて、「あそこに抜け道がある」「ここに抜け道があるな」とわかってくるのです。

**そういう視点を見つけて、自分の中で設定を変えることが一番大事です。**

## 介護も自分を中心軸に

**Q　母の介護をしています。母のお世話をしたい気持ちと、自分のやりたいことがなかなかできず、イヤになっている私がいます。**

私は母を3年前に亡くしていて、死に立ち会うこともできませんでした。

「母と最後に交わした言葉は何だったかしら」と思っても思い出せないような状態だったので、すごく自分を責めました。

私はその頃から自分の気持ちを最優先にしていたので、最後の2年間ぐらいは、自分をちゃんと中心軸に持って母を看《み》ていたんです。

それでも罪悪感にちょっとさいなまれたんですけれども、

母はあの世界に帰ったときに、私との約束の言葉を思い出すわけです。

生きている間は、母は「なんできょうは娘は来ないのかしら」「毎日来ればいいのに」と、カチンときたり、チッ！　と思ったこととか、いっぱいあると思うのです。

でも、それは現世に生きているダミーの母であって、あの世界に帰ったら、母は確実に思い出すわけです。

もしも自分が母親だとしたら、あの世界に戻ったときに、毎日毎日自分のやりたいことを我慢して、母のところに義務で看病しに行く娘を見たら、「この子、私が産んであげたのに、自分の人生を全然楽しんで生きてないじゃないか」と本当に悔やまれると思うんです。

私が例え自分を優先してしまい母のところに看病に行かなくても、私が私らしく私の人生を生きていたら、

「この子を産み出してよかった。この子は本当に自分の人生を楽しんでくれているんだ」とわかりますね。

だから私のように親の死に目に会えない方もいるかもしれませんが、お母様の視点ではなくて、自分がどうしたいのかということを生き切ってください。

そのときに、お母様を悲しませるように見えてしまうこともあるかもしれません。お母様から文句が出るようなこともあるかもしれません。

でも、それは約束のもと来ているので、お母様があの世界に行ったら必ず思い出されることなのです。

「母の死に目に会えなくても大丈夫、行きたいところには行く」と決めてください。

この瞬間があなたの最期の瞬間かもしれないんです。

母の看病に行くなと言っているのではありません。

あなたはあなたとして輝いて生きるのです。

**使命とかミッションは本当はこの地球にはありません。**

**自分が楽しむために、体験するために生まれてきているだけなので、**

**かたく考えずに楽しんでいいし、喜んでいいのです。**

フォーカスするのは自分の居心地のいいことです。

ある陰陽師の先生に今回の出版の話について聞いたとき、

「その本を出すことは、お母さんからのプレゼントなんだよ」と言われました。

私にはその意味がすごくよくわかったので本当に泣いてしまいました。

母との約束は死んでから証明できると思うんですが、
私たちの中ではそういう約束をしてきたのかもしれない。
私の魂の成長のために存在してくれた人。
自分の娘にそれだけの愛を注げる母は、
すごく偉大な愛を持っていたんだなと思って、
生きている間にちょっとだけ気づけたからよかったなと思います。

誰かが生きている間にちょっとでも何かに気がついて、
相手に伝えられて、関係性が変わったらいいなと思います。
そして、握りしめているうんこはエネルギーとして再び宇宙にお流しして、
その先は、愛おしく大切な一瞬一瞬が続くパラパラ漫画でありますように。
自分のありのままをまるごと愛してこの世を生きましょう。
過去はうんこです!!

# おわりに

地球にも人々にも許しという時間が訪れています。

誰かを許していないということは、
自分自身をいつまでもそこに縛り付けているということになります。

過去も未来もないのだから、
今、また新たな自分の瞬間、
今、生まれ変わることが出来ます。
もう何回も何回も輪廻転生して生まれ変わらなくても、

今、この瞬間に生まれ変わることができます。

自分に許可を与える。
自分を解き放してあげる。

それがこの地球でみんながやりにきたことです。
唯一無二のたった一つの存在として
この地球で光り輝くことを許可してください。

上手くいかなかったのは、
あなたが許可をしてなかったからだけです。
誰かがそれを止めていたり
カルマというものがそれを止めていたり
そういうことではありません。
あなたが、あなたに許可を与えればいいのです。

本当にこの瞬間は、ミラクルなんです。

目の前で起きた嫌だと思われていた出来事は
すべては、オセロの黒い駒が白い駒になるように
裏側から見ていただけなんですね。

愛を見たいがために、
その逆の方向から一旦見るという作業を
みんなでゲームとして楽しんできました。

もうそれも、2019年終わりに近づこうとしています。

ひとりひとりが自分自身を思い出して
唯一無二の自分としてこの地球で光り輝く。

それを思い出して、やり遂げる。
それが私たちがやりに来たゲームです。

素晴らしいと思いませんか？
この地球はすべて愛なんです。
それを思い出して、
今日この瞬間から新しい自分として
生まれ変わってください。

世生子

世生子　よいこ

母の難病治癒に活かす方法を探るため、スピリチュアルの世界へ。
その際、長年患っていたうつ病が一瞬で消える体験をし、
心理療法、ヒプノセラピー、エネルギーワーク等
導かれるままに学びを深める。
ヒプノセラピスト、ヒーラーとして口コミだけで人気だった時期に
「すべてを手放せ」というメッセージを受け取り、
次のステップへと進む。
高次存在からのインスピレーションを受け、
日本各地のスポットでご神事を行うライトワーカーの活動を開始。
幼少期から受けていた虐待のトラウマを自ら癒していく中で、
「この世のカラクリ」に気が付き、日々「ご自愛活動」を実践している。
虐待、うつを乗り越えたデータを持って、
「この世のカラクリ」と「ご自愛活動」の大切さを伝えている。
高次元との共同ミッション「光３３３研究所」設立。

# 過去はうんこです?!

うつ、トラウマを消す超ミラクルなセッション

第一刷　2019年3月3日

著者　世生子（光333研究所）

イラスト　徳田有希

発行人　石井健資

発行所　株式会社ヒカルランド

〒162-0821　東京都新宿区津久戸町3-11　TH1ビル6F

電話　03-6265-0852　ファックス　03-6265-0853

http://www.hikaruland.co.jp　info@hikaruland.co.jp

振替　00180-8-496587

本文・カバー・製本　中央精版印刷株式会社

DTP　株式会社キャップス

編集担当　小塙友加



ISBN978-4-86471-720-5

# 神楽坂♥《ハート》散歩
# ヒカルランドパーク

## 『過去はうんこです?!』発売を記念して
## 出版記念セミナーを開催します

講師：世生子

虐待、うつを乗り越え、身をもって知った「この世のカラクリ」が世生子さんの口から怒涛のようにあふれ出ます！
「宇宙は蛇口のように私の口を使って情報を流すのよ」という世生子さん、
果たして出版記念セミナーではどんなお話が飛び出すでしょう～。
五次元にある光３３３研究所との共同作業で行われる２時間です。
五次元の物差しに意識が移行する秘訣満載！
実データを持つメッセンジャーが語る超パワフルなおはなし、
ぜひぜひ、世生子さんのトークを全身で浴びに来てください！

日程：2019年５月19日（日）第１回「うんこ流しの秘訣」
　　　2019年７月６日（土）第２回「ミラクルを招くご自愛活動」※単発受講可
時間：17時30分～19時30分（開場17時）（各回とも）
受講料：5,000円　会場：ヒカルランドパーク

ヒカルランドパーク
JR 飯田橋駅東口または地下鉄 B1出口（徒歩10分弱）
住所：東京都新宿区津久戸町3－11 飯田橋 TH1ビル 7F
電話：03－5225－2671（平日10時－17時）
メール：info@hikarulandpark.jp　URL：http://hikarulandpark.jp/
Twitter アカウント：@hikarulandpark
ホームページからも予約＆購入できます。

# 世生子さんの『弥勒の光 333トークセラピー』
# IN 神楽坂ヒカルランドみらくる

**解放への扉をあける爆笑あり涙ありの大人気トークセラピー。**
**〈クレクレ星人〉から〈美しきクリスタルびと〉に変容する**
**光のカギが届けられます。**

世生子さんがご参加のみなさまのお話を伺いながら、
より深く寄り添うグループセラピーを開催しています。
グループセラピーでは、誰かの質問が別の誰かの答えになっていき、
相乗効果でどんどんエネルギーが書き換わっていきます。
「ゆるして、ゆるんで、大事なものを確認し合える」
そんな大切な時間です。

以前開催したトークセラピーでは、こんな場面も。
「これまで泣きたくても涙がだせなかったのに
なぜでしょう、まだ何も話してないのに、涙がでてきました」
「大丈夫、大丈夫よ。ここは安心してもいい場所なのだから」

ありのままの自分でこの世を生きる。
「自分の最大の味方に自分自身がなったとき、
宇宙が動き始めるのよ」と、世生子さんは教えてくれます。

世生子さんと一緒に、本当に大切なことを思い出しましょう。

【弥勒の光 333トークセラピー】
日時：2019年３月10日（日）　13時～16時
　　　※以降、不定期開催。詳細はヒカルランドみらくるHPへ
場所：神楽坂ヒカルランドみらくる
受講料：18,000円

神楽坂
ヒカルランド
みらくる
Shopping & Healing

神楽坂ヒカルランド みらくる Shopping & Healing
〒162-0805　東京都新宿区矢来町111番地
地下鉄東西線神楽坂駅２番出口より徒歩２分
TEL：03-5579-8948　メール：info@hikarulandmarket.com
営業時間［月・木・金］11：00～最終受付19：30［土・日・祝］11：00～最終受付17：00（火・水［カミの日］は特別セッションのみ）
※ Healingメニューは予約制、事前のお申込みが必要となります。
ホームページ：http://kagurazakamiracle.com/

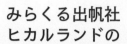

ヒカルランド　好評既刊＆近刊予告！

地上の星☆ヒカルランド　銀河より届く愛と叡智の宅配便

患者役をやめれば エネルギーが変わり 症状は消えていく
著者：長田夏哉
四六ソフト　本体 2,000円+税

あなたを整えるとき世界は整う
超越易経 nahohiharu
著者：光一
四六ソフト　本体 1,815円+税

喜びの真法（まほう）
楽しめば宇宙はもっと輝く
著者：金城光夫
四六ソフト　予価 1,815円+税

世界は自分で創る〈上〉
思考が現実化していく185日の全記録
著者：Happy
四六ソフト　本体 1,620円+税